I0693736

JOSÉ ANTONIO DOMÍNGUEZ
LOS VERSOS DEL POETA TRÁGICO

ERANDIQUE
COLECCIÓN

LOS VERSOS DEL POETA TRÁGICO
JOSÉ ANTONIO DOMÍNGUEZ

©Colección Erandique
Supervisión Editorial: Óscar Flores López
Diseño de portada: Andrea Rodríguez
Administración: Tesla Rodas
Director Ejecutivo: José Azcona Bocock
Primera Edición
Tegucigalpa, Honduras—Julio 2025

CONTENIDO

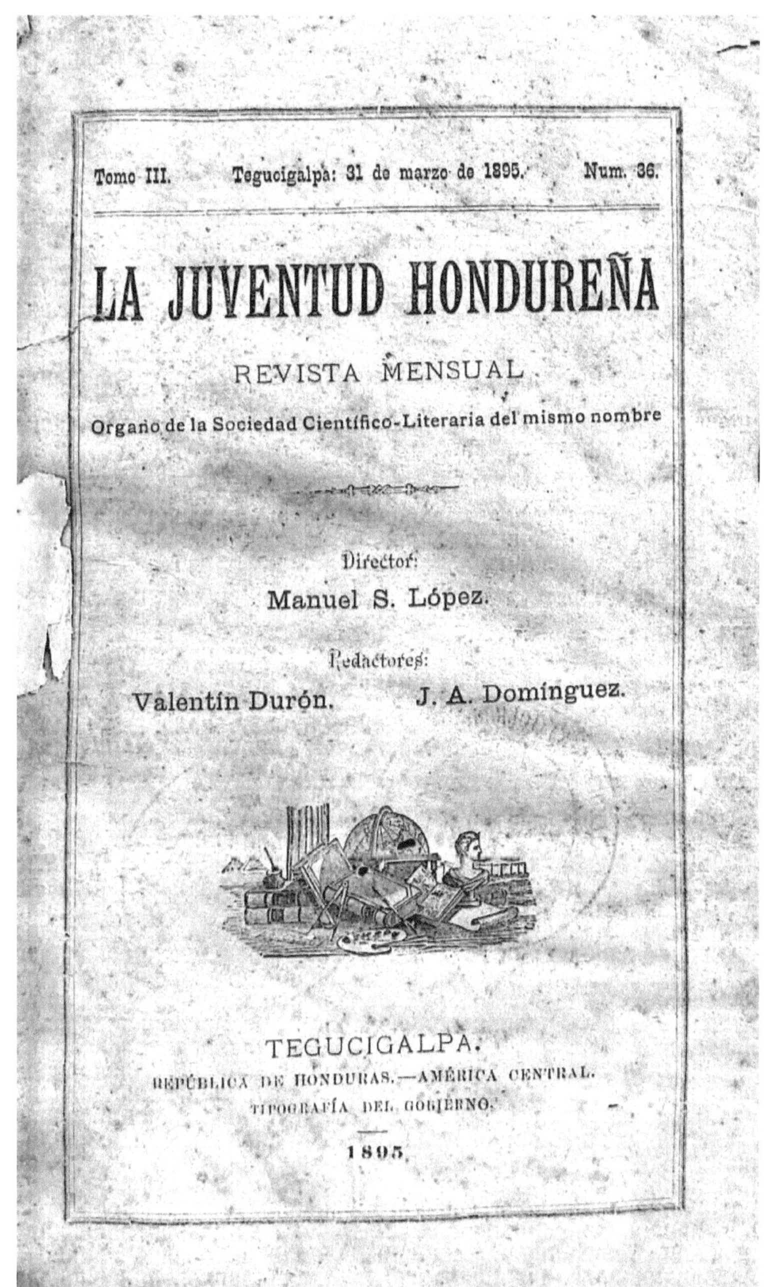

Dominguez fue una de las firmas más prestigiosas de la revista Juventud Hondureña. Después sería su director.

mientras clava su garra el desengaño
y se amontonan nubes tempestuosas
en el cielo tranquilo del espíritu
herido del dolor!........

      Tú has sido el ojo
que ha derramado lágrimas sinceras,
cuando la duda escéptica y sombría,
desquiciando mis creencias más amadas,
me ha lanzado á los trágicos abismos
de penas insondables donde á veces
ha azotado mi frente el ave negra
de lúgubres graznidos y de vuelo
fantástico y fatal!........

      Pero tú siempre,
ora cerca, ora lejos, has brillado
en mi horizonte humilde con radiosos
y argentados fulgores, sin que nunca
te consiga eclipsar el infortunio,
como si fueras para mi alma triste
la proyección sublime de los cielos
sobre el erial desierto de la tierra
sin flores y sin luz!........

      Blanca y hermosa
estrella de lo ideal, estrella mía,
no te extingas jamás!....Qué tu luz siempre
vierta su resplandor dentro mi alma!

J. A. DOMÍNGUEZ.

Extracto del poema Filigrana, publicado en 1896 en Juventud
Hondureña.

"YO NO SOY POETA"

La anécdota es del escritor y periodista Julián López Pineda, quien fuera alumno del poeta José Antonio Domínguez.

"Por el año 1900, siendo yo estudiante, vivía en un cuarto contiguo al que ocupara Domínguez, en la casa donde se halla actualmente la Agencia Fasquelle. En ese tiempo, según creo, era víctima de una neurosis profunda que lindaba con la locura. Cierto día hablábamos de Honduras Literaria, segundo tomo, que había publicado recientemente el Dr. Rómulo E. Durón", narra López Pineda.

—Siento vergüenza —me dijo—. ¿Por qué mi amigo Durón ha tomado para su libro varias de mis composiciones destinadas al olvido? Yo no agradezco la distinción de habérseme incluido entre los poetas de Honduras. Yo no soy poeta.

Pero sí era poeta, y, en su época, de los mejores.

Sus amigos más cercanos, entre ellos Juan Ramón Molina y Froylán Turcios, siempre creyeron que Domínguez era uno de esos seres destinados a quitarse la vida. Y así fue.

He incluido precisamente un artículo de Molina y algunos recuerdos que Turcios escribe en su libro Memorias. También, un profundo ensayo que el novelista, historiador y periodista Medardo Mejía hizo sobre el poema Himno a la Materia, uno de los mejores que Domínguez escribiera.

Domínguez —relata Turcios— padecía de un pesimismo tétrico, que angustiaba su visión de la vida, envolviéndose en desoladas tinieblas. A las pocas semanas de observarle y conocerle predije —en carta para mi hermana— que terminaría suicidándose. En lo que me equivoqué fue en la forma: yo pensé en un veneno y no en un tiro de revólver.

Esa decisión interrumpió su creación literaria (en apogeo, madura, atrevida), cuando apenas tenía treinta y cuatro años.

Sin ninguna duda, Domínguez se hubiera convertido, junto a Molina y Turcios, en uno de los aniquiladores del Romanticismo y los impulsadores del Modernismo en Honduras.

Domínguez falleció en 1903; Molina cinco años después. Ambos traspasaron por la puerta de la autodestrucción que abriera el poeta Manuel Molina Vijil en 1883.

"Domínguez no llegó a explorar todos los rincones de su sensibilidad como escritor, pero las obras que legó representan un importante patrimonio nacional para su tierra. Su estilo depurado y ornamentado resulta perfectamente adecuado a sus reflexiones, a la pasión con la que parece haber observado la vida, las relaciones humanas, y es destacable el hábil uso del lenguaje con el que disfraza el sufrimiento de anhelos, las frustraciones de deseos", señala EcuRed (Enciclopedia Cubana en la Red).

Es posible que se esté —señala el escritor Héctor M. Leyva en la presentación del libro José Antonio Domínguez: Obra poética escogida de sus escritos (1885-1903)—, ante uno de los grandes olvidos de la literatura hondureña, no solo porque a más de 120 años de su muerte la mayoría de su creación ha permanecido inédita, habiendo sido una de las figuras fundadoras de la literatura nacional, sino porque los motivos de tal olvido podrían encontrarse en el interior mismo de la cultura.

"Fuera como fuera, las huellas de su aventura quedaron en su obra poética, escasamente conocida por sus propios contemporáneos y aún en nuestros días", agrega el doctor Leyva.

Sobre los poemas de Domínguez, Esteban Guardiola señalaba que "era un poeta romántico con tendencia al modernismo".

Nunca es tarde para que los hondureños descubramos la vida y obra de los hombres y mujeres que, a pesar de un ambiente hostil e indiferente, decidieron dedicarse a escribir novelas o poemas, o historia.

Disculpas, querido Poeta… y que esta edición de Colección Erandique sirva para pagar la deuda que tenemos con usted.

ÓSCAR FLORES LÓPEZ
Editor Colección Erandique

¿POR QUÉ SE MATÓ DOMÍNGUEZ?

Por Juan Ramón Molina

Diversos factores, casi todos psicológicos, contribuyeron al trágico fin de este noble y distinguido hondureño, para quien sus amigos, aunque tardíamente, empiezan a tejer una corona.

El medio circundante.— En un ambiente como el nuestro, de sorda agresión o de indiferencia, el intelectual de veras tiene dos escapatorias para librarse de la muerte por asfixia: o se aísla soberbiamente en su cima, envuelto en su nube, de tal modo que no se digne ver a los genios municipales, acaparadores de gloria barata y al por menor: o les degüella —como si fuesen carneros de un holocausto propiciatorio al arte— sobre su altar de ripios, pacientemente acumulados. Domínguez era demasiado humilde para tomar las actitudes de un Dios, y profundamente altruista para hacerle mal al prójimo, aunque éste fuera un abominable letrado, que es, más que el robo o asesinato con alevosía, el peor delito que puede cometer un hombre. Tuvo las alas del gran pájaro de rapiña, mas no el pico ni las garras. Ni el grito, ni tampoco el ímpetu... Grave debilidad en un país de caracteres duros, en donde no existe más que una piedad relativa, y donde el mérito, en lo general, se mide por el buen éxito logrado.

Carencia de horizontes definidos.— Cuando el hombre llega a la solemne edad de los treinta años, está en el deber de orientarse definitivamente, consultando el oráculo de su corazón. Es el momento en que los sueños y las ambiciones de la primera juventud adquieran formas plásticas y verdaderas. El amor, la política, la gloria literaria, el acaparamiento de riquezas, son motivos para vivir intensamente, tal como Roosevelt lo aconseja y ejercita. Vivir por algo y para algo: para las ciencias y las letras, para el amor de una mujer, para los negocios de Estado, para atesorar: pero tener un interés en cualquier cosa, un anhelo con rumbo fijo.

Domínguez llegó, en sus últimos tiempos, a una indiferencia absoluta por las cosas ambientes, a una especie de kief contemplativo. Síntoma funesto y mortal, primer acto de la tragedia que terminó con su negra y aciaga muerte. Recuerdo haberle oído recitar esta poesía de Peter Altenberg, saturada de espíritu decadente, glorificación de la impotencia, que esconde una paradoja contra la vida y que resume el estado agónico de su ser moral, en aquellos tristes días en que la sombra empezaba a envolverle:

Perdono al hombre todo,
menos la lucha estéril! En silencio
cubre tu faz ¡oh César de la vida!
cuando ese Bruto pálido —la Suerte—
ágil, feroz, certero,
entre tu corazón hunda el acero.
Quedad, esfuerzos vanos,
para la hembra, esclava de la vida,
que si rompe la tabla carcomida
y se despeña en negro paroxismo,
crispa sus manos débiles
como para agarrarse del abismo.

Asimilación mental deletérea.— Las lecturas malsanas y disolventes de que nos hemos impregnado todos los jóvenes cerebrales de la América Latina, contribuyeron poderosamente a su desnivelación moral. Recuérdese el caso idéntico de José Asunción Silva, poeta de un sentimentalismo morboso, extraviado en una filosofía dolorosa y sensual, que le condujo lógicamente a la liberación voluntaria.

Tales lecturas deben tomarse como simples deportes, no como guías mentales, porque llevan a la deserción de la lucha por la vida, al aniquilamiento del yo, al nirvana total. Todos nosotros —los que vivimos cerebralmente— hemos sentido, aunque sólo sea por un breve lapso, lo que expresa un alejandrino mío:

horror por la natura y espanto por la vida.

Mas, a pesar de eso, pocos hemos hecho, como nuestro lamentable amigo, un código moral del pesimismo.

Ideales políticos y religiosos. —Domínguez fue un poeta esencialmente idealista, en un tiempo en que la poesía, por su roce más íntimo con la ciencia, tiende a ser profundamente real, sin que por eso pierda su color o sensibilidad. Tuvo un horizonte poético vago e indefinido, sin relieves visibles. Como que fue —no me cabe duda— un poeta de transición, de escorzo, de tipo intermedio... Quizás su desdén, característico en él, de la gloria intelectual y especialmente local fue causa de que no mostrase todas las riquezas que escondía su alma, cerrada como la cueva aquella de Las mil y una noches, ante la cual no hubo una mujer que pronunciase el mágico ¡Sésamo: ábrete!

Creo que Domínguez fue cristiano hasta la médula de los huesos, es decir, hombre manso de espíritu, de un estoicismo sentimental, sin agresiones ni protestas.

Recuerdo que en un momento de intimidad me refirió cómo, obligado una vez a disparar su rifle en la revolución de 1894, lo hizo mirando a otra parte para no apuntar a nadie. Este caso, que es casi el mismo de un personaje de El mal del siglo, de Nordau, muestra el gran fondo de altruismo de aquel corazón magnánimo, enemigo en una época de fuerza y exterminio, de la fuerza y del exterminio. Tal hombre, con semejantes ideas es una especie de paloma entre aves de presa, y desde luego está condenado a perecer tarde o temprano, víctima de los demás o de él mismo. En este bajo mundo, de perpetuas luchas y feroces instintos, o se es verdugo o se es víctima. O mata uno, o le matan. Darwin se encarga del resto de la explicación.

En estas líneas sólo trato de las causas que, en mi sentir, aniquilaron aquella noble y brillante inteligencia, impeliéndole al suicidio. Otra vez, con más calma, analizaré su producción intelectual.

MI MAESTRO DOMÍNGUEZ

Por Julián López Pineda

Conocí a este elegante soñador, mi profesor de Literatura Preceptiva en 1898. Joven de veintisiete años, abogado, subsecretario de Relaciones Exteriores y después magistrado en una de las Cortes de Apelaciones. Vestía impecablemente, siempre de jacquet gris o negro, que concordaba con su distinción, su elegancia, su estatura, su cuerpo delgado y de líneas sobrias.

Era del grupo de jóvenes intelectuales que acompañaron a otro joven idealista y revolucionario, el doctor Policarpo Bonilla, que entrara triunfante a Tegucigalpa después de tres hecatombes ofrecidas a la libertad, de 1892 a 1894.

Era de la prosapia de Francisco Cálix h., José María Gutiérrez, Marcos y Tiburcio Carías Andino, Julio César Durón, Inés Navarro, Julio César Fortín y otros muchachos luchadores que anduvieron cerca de la muerte en las épicas jornadas por la libertad.

Y, a pesar de su temperamento huraño, melancólico y delicado, a pesar de su educación refinada que le asignaba un sitio en los salones galantes, su espíritu de poeta se vio contagiado por el patriotismo belicoso de la época, y exaltó a la patria en estrofas ardientes y vibrantes, como las de su Himno Nacional, que por algunos años se cantó en las escuelas como Himno de Honduras.

He aquí una de aquellas estrofas:

Los que libres patriotas nacimos
la cerviz no inclinamos al yugo;
no tenemos ni rey ni verdugo,
no tenemos los libres, Señor.
Nuestra sola deidad es la patria,
nuestro culto sus santos derechos,

y no acatan más ley nuestros pechos
que el deber, la justicia, el honor.
   El coro es la siguiente cuarteta:

Compatriotas, de Honduras los fueros
con la vida sepamos guardar:
si hay tiranos, también hay aceros,
y es de libres tan solo triunfar.

En José Antonio Domínguez no se nota la influencia del llamado modernismo que se iniciara de 1880 a 1890, que llegó a su plenitud con Rubén Darío en 1896, cuando éste publicara su libro Prosas Profanas, que pudiera llamarse el breviario de los nuevos aedas en el mundo de habla española.

El verso de Domínguez es de factura clásica, y conserva en su plenitud el ritmo de sonoridades fastuosas de Zorrilla, de Espronceda, de Quintana, dentro del más puro romanticismo, que era pauta lírica de la época.

La desconcertante innovación de José Asunción Silva, de Francisco Gavidia, de Gutiérrez Nájera, de Julián del Casal, sellada con el genio de Rubén Darío, quien introdujo en el verso castellano el ritmo grácil del verso francés, no ejerció ninguna influencia en la obra de Domínguez ni en la de los otros poetas de su generación, exceptuando a Juan Ramón Molina, quien, sin seguir a Darío ni a ninguno de los nuevos Mesías del Parnaso, aunque sin desconocerlos, ostentara un modernismo auténtico en sus poemas coloreados de savia nueva y en sus prosas de un ritmo renovado.

Es indudable que Domínguez, tierno y sensitivo hasta el delirio, fue víctima de una pasión amorosa, en su temprana juventud, pasión que culminara en una incurable decepción, la cual acaso le alejó para el resto de sus días de todo contacto pasional, asqueado de la vida, arrebujado en un negro pesimismo.

Véase en seguida su soneto Amorosa, que es un dechado de romanticismo puro, un expresivo mensaje de refinamiento y delicadeza, un homenaje que se deshoja, como un madrigal, a los pies de la amada.

Yo te he visto en esa hora fugitiva
en que la tarde a desmayar empieza,
doblar cual lirio enfermo la cabeza,
la cabeza adorable y pensativa.

Y entonces, más que nunca, sugestiva,
se ha mostrado a mis ojos tu belleza,
como en un claro-oscuro de tristeza
con palidez de luna que cautiva.

Y es que en tu corazón antes dormido,
el ave del amor ha hecho su nido
y entona su dulcísimo cantar.

Y al escucharle, en ondas de ternura,
languidece de ensueños tu hermosura
como un suave crepúsculo en el mar.

Cuando yo le conocí, era Domínguez un desarraigado de la vida
corriente, un misántropo, un misterioso espíritu que, errando por las
calles de Tegucigalpa, daba la impresión de un descentrado, cuya
melancolía le alejaba del mundano ruido y cuyo pensamiento parecía
una rotunda aspiración al infinito.

Rara psicología la de este gran poeta. Su decepción amorosa fue
para todos sus amigos un secreto cerrado. Jamás se supo la causa de
su mal. Porque no puede haber sido la negación, el estrujamiento de
su ensueño, por no haber llegado a una materialización tangible, pues
en su precioso romance Idilio hay una revelación que anuncia el
triunfo de su amor encendido bajo las alas de la noche cómplice.

Con sus ojos, tan grandes como azules,
clavados en los míos con fijeza
y con sus rubios, destrenzados bucles
sobre sus hombros de nevada seda,
allí a mi lado, en tan dichosa tarde
de sueños y de amor ¡quién lo creyera!

me parecía al verla, enajenado,
entre la mate opacidad de perlas,
una de aquellas rubias hermosísimas
cautivas en obscuras fortalezas,
a quienes nobles y garridos mozos,
al son de su laúd, en triste endecha,
a la luz de los astros que titilan,
en altas horas de la noche quieta,
cantaban inspirados sus amores
bajo el balcón de las caladas rejas.

Yo la miré extasiado: entre las mías
sus manos de alabastro cogí trémulas,
y tímido, convulso y delirante
llevé a sus labios
los míos de pasión enardecidos,
donde, como en un cáliz de pureza, los besos que dormían
despertaron para aletear sobre los besos de ella.

La misteriosa noche poco a poco
nos fue cubriendo con sus alas negras:
el mundo se perdió a nuestras miradas,
el cielo mismo descendió a la tierra,
y ya no me pidió romances tristes
de donceles y rubias prisioneras.

Esta poesía amorosa y optimista data de 1894, cuando el poeta contaba 25 años de edad.

Después, sin que pasara mucho tiempo, el alma generosa y noble del poeta debe haber recibido un rudo golpe, la decepción incurable de que antes he hablado, y abandonó su poesía llena de claridades celestes y, adoptando un nuevo canon de vida, reclama la abolición del culto de Eros y les señala un puesto de combate a los portaliras en las lides sociales.

Una nueva faz del revolucionario que había en él.

He aquí su nuevo evangelio, en el soneto La Musa Heroica:

Si quieres que tu canto digno sea
de tu misión, del siglo y de la fama,
no derroches el estro que te inflama
en dulce pero inútil melopea.

Lanza las flechas de oro de la idea;
depón el culto de Eros y proclama
otro mejor. La lucha te reclama:
yérguete altivo en la social pelea.

No enerves tu vigor con el desmayo
del femenil deliquio. Ya no es hora
de lágrimas y besos. Doquier mira:

Hoy la estrofa compite con el rayo,
la inspiración es lava redentora
y clava en manos de Hércules la lira.

En este nuevo rumbo que les está señalando a los poetas, se insinúa la lucha por las reivindicaciones sociales, la cual en aquel tiempo no tenía sentido en Centroamérica. No se trataba de la lucha por la libertad de Honduras, pues ésta ya se había obtenido y proclamado con el triunfo de la revolución liberal el 22 de febrero de 1894. Se trataba de una visión del poeta, de un llamamiento a los espíritus superiores, a los hombres de la lira, para que aplicaran su estro a la redención de las masas, a la constitución de una nueva sociedad que el liberalismo triunfante era incapaz de avizorar con los ojos opacos de una revolución sin contenido social y humano.

Esta visión del poeta, surgida entre las espesas tinieblas de la época, es un caso de la videncia atribuida a los hijos de Apolo. Al llamamiento de aquel iluminado han acudido en toda la América numerosos combatientes que han clavado su lira en manos de Hércules y que están librando la gran batalla por la humanidad. Es la legión de poetas revolucionarios, cuyo canto agorero no tendría sentido si no vibraran en él los dolores de la humanidad irredenta.

Es el único poeta hondureño en cuyo espíritu se anticipara un rayo de redención, la divina mónada desprendida de los más remotos círculos interplanetarios, para realizar su evolución en la Tierra.

No fue Domínguez un romántico lacrimoso. Sobrellevó sus grandes dolores, sin mezclarlos a la creación de la belleza, manteniendo en alto la dignidad de la poesía, sin humedecer la gracia pura del verso con la salobre vacuidad del llanto. Su sentimentalismo es decoroso y sutil, como una evocación de remotos interiores donde la belleza perdura y se impone con una vibración consciente y eterna.

Su estetismo casi frío y marmóreo es un caso singular en el tiempo en que vivió aquel incomprendido portalira, sobre todo en un medio como el de Honduras, donde solamente se escucharon los sollozos y las quejas de una generación enfermiza que no concebía el arte sin lágrimas.

Su concepción del Arte puede vislumbrarse en el siguiente soneto:

Yo me imagino el Arte como un lago risueño
cuyas azules ondas reflejan lo ideal,
y donde en el esquife rosado del Ensueño
va el alma del poeta con sed de lo inmortal.

La ven bogar los cisnes de suave albor sedeño,
la arrullan los registros del aura musical;
y en tanto que así cruzan con amoroso empeño,
entonan un canto de oro dulcísimo y triunfal.

De pronto, entre las olas, ve el alma del poeta
surgir de una hermosura la mágica silueta,
como del mar un día la diosa del Amor.

Ante ella, al contemplarla, con éxtasis se inclina;
y, mientras que un radioso destello la ilumina,
la ninfa Gloria besa la frente del cantor.

Y va en seguida una muestra de su estetismo marmóreo:

Me agrada el clasicismo de la forma,
la corrección de líneas del trasunto,
la muelle morbidez de los contornos
y el relieve curvado de los músculos;
la frígida expresión de los perfiles
que animados parecen y están mudos;
el tesoro dormido de las gracias
y el nevado candor, casto y desnudo,
que en el bloque de mármol transformado
al golpe del cincel, diestro y fecundo,
ostenta la estatuaria en la flamante
radiosa encarnación de un cuerpo ebúrneo:
Como que tiene la materia tosca
un resplandor de lo divino oculto
que sorprende la mano del artista
y lo presenta deslumbrante al mundo.
Como que existe un fondo de hermosura,
de santidad y sensualismo puro
que, como alma de todo lo terreno,
emerge alado, incitador efluvio.
La armonía que oculta y cabrillea
acaricia al contacto y tiembla al pulso,
y con su hechizo lánguido que arroba
tienta al deseo y predispone al culto.

Una de las facetas de este gran poeta olvidado, que no se encuentra en otros de su tiempo y quizá tampoco en los que lo siguieron y figuraron o figuran en la pléyade modernista, es la majestad sonora, el resplandor homérico, el soplo épico, la hondura cósmica, el atrevido vuelo al infinito, descorriendo velos y ofreciendo en su complejidad maravillosa la realidad desoladora del destino humano.

En su poema cosmogónico Himno a la Materia, se revelan al desnudo la filosofía cruel a que le había conducido su ciencia, el vacío pavoroso de la existencia humana, la inutilidad del esfuerzo creador, la desintegración de la vida de los astros como del último infusorio, el espanto de no ser, la inconsistencia de la fe y la ilusión de la muerte.

De ahí su pesimismo negro, su desencanto fúnebre, su indiferencia silenciosa ante el espectáculo de la vida humana, el desgarramiento trágico de sus esperanzas, la fría tiniebla que ensombreciera su espíritu y la visión perenne de su fracaso en el mundo.

Quisiéramos insertar íntegro en este breve estudio el poema Himno a la Materia, tan hondo y hermoso. Pero temo fatigar a los lectores, y solamente copiaré algunos pasajes que dan idea de este monumento de nuestra poesía y que muestran en plenitud el alma sangrante del poeta.

> ¡Oh, materia sublime, eterna y varia,
> que con el gran prodigio de tu esencia
> y el arcano infinito de tus formas,
> como madre perenne siempre joven
> a quien su propia fuerza fecundara,
> llenas la inmensidad del Universo
> y eres causa y efecto misterioso
> de cuantos seres bullen y rebullen
> con aspecto de vida en los espacios
> donde los vastos mundos y los soles
> que por la noche brillan como antorchas
> suspensas en el éter cristalino,
> hasta los invisibles infusorios
> que habitan en miríadas y millones
> en el fondo irisado de una gota de rocío!
>
> ¡Oh prolífica y sagrada
> materia que en el vasto mecanismo
> de la augusta creación tienes tu imperio
> de omnímodo poder, y a todas horas
> ordenas y ejecutas por ti misma
> las leyes admirables que presiden
> la vida universal, diversa siempre
> del coro de criaturas que en ti nacen
> y a ti vuelven al fin: obras perfectas
> en cuanto cabe serlo en lo infinito,

que ora inmensas cual moles desmedidas,
ora medianas, ora imperceptibles,
de ti el cuerpo reciben y el aliento
que sujeta sus órganos y hace
que cumplan por lo menos el destino
de nacer y morir!

En ti reside,
de ti dimana y hacia ti refluye
la vida universal que no se agota
y es como inmenso genesíaco río
que al recorrer tu seno lo fecunda,
porque lleva en sus ondas la simiente
de que brotan en mágicos regueros
las vidas de que surgen nuevas vidas
que al llenar su misión dejan el germen
de nuevos seres...

Tú eres lo único eterno, tú no acabas,
tú no aumentas, tú no disminuyes:
eres principio y fin de cuanto existe,
de ti depende todo y a ti torna.

Cuanto alienta,
lo mismo en lo pequeño que en lo grande,
está sujeto al tiempo: vive y muere,
es decir, se transforma y en ti queda,
pues la vida del ser sólo es fenómeno
de resplandor fugaz. Los mismos soles
y los mundos de fábrica tan sólida
tienen su fin: tras incontables años
llega el día en que extinto su calórico,
giran en los espacios insondables,
cadáveres helados e insepultos,
en tanto que quizás en otros cielos
nuevos mundos se forman donde pronto
brotarán nuevos seres.

Lo que el hombre
llama muerte y la teme a cada instante,
es sólo una apariencia, un accidente
que prepara ¡oh materia! tus desechos
a nuevos organismos...

La muerte para ti sólo es acaso
como un abono que te das tú misma,
tal vez por mantener ágil e incólume
de tu vigor el germen,
o quizá como un baño en cuyas aguas
rejuveneces tus gigantes miembros
por los que corre la pujante y nueva
savia de eternidad...

Eres tan grande, en realidad tan grande,
que delante de ti todo es pequeño.
¡Y pensar que muy pronto yo, si acaso
soy átomo que piensa porque vive,
dejaré de alentar para perderme
y fundirme en tu seno hecho partículas
que al combinarse darán vida luego,
ora a viles insectos y gusanos,
ora a yerbas y arbustos!
¡Pensar que este fenómeno radiante
de mi vida infeliz ha de extinguirse
cual si no hubiese sido!

Por el año 1900, siendo yo estudiante, vivía en un cuarto contiguo al que ocupara Domínguez, en la casa donde se halla actualmente la Agencia Fasquelle. En ese tiempo, según creo, era víctima de una neurosis profunda que lindaba con la locura. Cierto día hablábamos de Honduras Literaria, segundo tomo, que había publicado recientemente el Dr. Rómulo E. Durón.

—Siento vergüenza —me dijo—. ¿Por qué mi amigo Durón ha tomado para su libro varias de mis composiciones destinadas al olvido? Yo no agradezco la distinción de habérseme incluido entre los poetas de Honduras. Yo no soy poeta.

En otra ocasión, habiéndole preguntado por qué no escribía novelas, me dijo:

—En este país no se puede ser novelista. El medio es cruel. A pesar de ello, me gustaría escribir una novela nacional, pujante y eterna. Pero me faltan fuerzas. Mi vida ya se está despidiendo.

En otro de nuestros encuentros ocasionales, el poeta me hizo entrar a su cuarto, y me habló así:

—Oigo una voz, una música lejana, ultraterrena, cuyas melodías van más allá de Mozart y de Beethoven, una música angélica cuyas armonías repiten: "tú no eres poeta"...

Semanas después de esta triste declaración, en la que cruzaba la sombra de Maupassant, me llamó a su cuarto, y mostrándome una tarjeta manuscrita, me dijo:

—Vea usted, amigo, ¿qué le parece?

Leía acongojado lo siguiente:

"Señor: tengo el honor de participar a usted que hoy a las 10 a.m. puso fin a sus días el joven poeta José Antonio Domínguez. Agradecería la asistencia de usted a los funerales mañana a las 4 p.m. De usted atento servidor. José Antonio Domínguez".

La locura había realizado su obra.

En 1901, por ruegos de sus amigos, se trasladó a Juticalpa, su ciudad natal, donde, según se supo en Tegucigalpa, había recobrado su salud, y hasta tomó participación en la lucha electoral de 1902, demostrando cordura y lucidez. Pero acaso la pérdida de su causa política afectó tan hondamente su temperamento sensitivo, que no pudo resistir a la tentación de suprimir su existencia, y como el rey-poeta Luis II de Baviera, "puso fin a su imperio en el mundo".

JOSÉ ANTONIO DOMÍNGUEZ Y EL "HIMNO A LA MATERIA"

Por MEDARDO MEJÍA

I

José Antonio Domínguez interesa al hombre de estudios filosóficos y al crítico de arte por haber anunciado antes que cualquier otro en Honduras, posiblemente en Istmania, quizás en la América Latina, la existencia de la maravillosa fuente de inspiración contemporánea que hay en la Materia, a la que cantó un día en el metro de los grandes festejos del habla castellana, en admirables endecasílabos rotundos. Para magnificarse, distinguirse y glorificarse, cada poeta excepcional, clásico, romántico, modernista o revolucionario, introduce una novedad, una rareza, una irrevelada inquietud, una insospechada magia, que constituye el centro de gravitación de su lírica, de su épica o de su arte diverso.

Domínguez, poeta excepcional, situado entre el romanticismo y el modernismo literario, introdujo el tema eterno de Lucrecio entre los regocijos contemporáneos; el tema del ser materialista opuesto al ser idealista; el tema de la Materia consonante y no excluyente del Espíritu. Y como el poeta conmovió con un gran tema filosófico, que también es permanente surtidor de arte, es obligatorio entrar en definiciones orientadoras, para después pasar a la polémica que lleve a conclusiones aceptables.

¿Qué es el ser para el materialismo filosófico? El ser es la Naturaleza, la materia, la realidad objetiva, a diferencia de la conciencia, del pensar, de las sensaciones. "El problema de la relación entre el pensar y el ser, entre el espíritu y la Naturaleza, es el problema supremo de toda filosofía, particularmente de la filosofía moderna... Los filósofos se dividían en dos grandes campos, según la contestación que diesen a esta pregunta. Los que afirmaban el carácter primario del espíritu frente a la Naturaleza... Formaban en el campo del idealismo. Los otros, los que reputaban la Naturaleza como lo primario, figuran en las diversas escuelas del materialismo". La riqueza y la variedad múltiple del ser están impregnadas de una unidad. La unidad del Universo estriba en su materialidad.

¿Qué es la materia para el materialismo filosófico? El Universo, por su naturaleza, es material. La variedad múltiple de los fenómenos que observamos en la Naturaleza representa diversas formas de la materia en movimiento. La materia es la única fuente y la última causa de todos los procesos en la Naturaleza, puesto que todo se compone de la materia y por ella es engendrado. El átomo, la célula viva, el organismo, el hombre pensante son diversas formas de la materia. La materia es eterna y es infinita. No desaparece ni es creada de nuevo; es increable e indestructible; la materia sólo cambia de formas. "Nada es eterno fuera de la materia en su movimiento y en sus cambios eternos, y las leyes de su movimiento y cambios".

Mediante el largo y lento desarrollo de la filosofía y de las ciencias naturales, los hombres llegaron a la conclusión generalizada de la unidad del mundo material. Ya los primeros filósofos de la antigua Grecia reconocían la materia como el fundamento de la realidad, pero identificándola con algunas de sus formas. Tales de Mileto estimaba que el fundamento de todo es el agua, Anaxímenes entendía que el aire es la materia infinita, y Heráclito consideraba al fuego como el primer fundamento de todo. Todos ellos consideraban la "unidad en la variedad múltiple, infinita en los fenómenos de la Naturaleza como algo que por sí mismo se comprende", y la buscaban en algo corpóreo, en algo especial (en el agua, en el aire, en el fuego).

El primer concepto general de la materia fue creado por los atomistas antiguos (Leucipo, Demócrito, Epicuro). Demócrito enseñaba que el mundo es una multitud infinita de átomos, idénticos por su esencia, pero diferentes por el volumen y la forma. A los anteriores se sumó en Roma el genial poeta y filósofo Lucrecio, autor de una obra de gran valor titulada Sobre la naturaleza de las cosas, en la que expone en forma poética la filosofía del materialismo atomista. En plena conformidad con los filósofos griegos Demócrito y Epicuro, proclama los principios fundamentales del materialismo: en el mundo no hay nada fuera de la materia eternamente existente, compuesta de pequeñas e indivisibles partículas: los átomos. "Nada nace nunca de la nada por voluntad de los dioses".

Toda la variedad de tales cosas en el mundo, según la doctrina de Lucrecio, se reduce a la múltiple variedad de la concatenación de las partículas de la materia, los átomos. La destrucción de las cosas consiste en la dispersión de los átomos. Ni un solo átomo puede ser destruido. La condición fundamental de la formación de las cosas de la Naturaleza, a juicio de Lucrecio, es la presencia del vacío. La materia y el vacío componen una unidad, sin la cual no es posible el movimiento, y por consiguiente, tampoco la concatenación y la dispersión de los átomos. En los problemas gnoseológicos, Lucrecio se situó en la posición de la cognoscibilidad del mundo objetivo. La fuente del conocimiento del mundo exterior son las percepciones sensoriales. Siendo multiformes, los átomos obran sobre los órganos sensoriales del hombre, provocando diversas percepciones. Los sentidos sirven como un instrumento del pensamiento:

> Advierte que tu juicio ha de sufrir fracaso
> y que aun tu propia vida podría perecer,
> si un día condenaras la fe de tus sentidos.

Lucrecio sostiene que las raíces de la religión están en el temor del hombre ante los fenómenos desconocidos de la Naturaleza. "El miedo creó los primeros dioses en la tierra". Suponiendo que basta explicar al hombre las verdaderas causas de los fenómenos naturales para que los prejuicios religiosos desaparezcan, en su notable poema dedica gran cuidado a la explicación de los fenómenos de la Naturaleza, según los dictados de la ciencia de aquel tiempo. La filosofía materialista de Lucrecio ejerció enorme influencia sobre todo el desarrollo del materialismo posterior, especialmente en los pensadores del Renacimiento, entre ellos Bruno, Vanini y Gassendi, y en los filósofos del siglo XVIII.

En el siglo XVII, la concepción atomista de la estructura de la materia fue continuada por el filósofo francés Gassendi, quien también estimaba que el mundo se compone de átomos que poseen propiedades absolutas, tales como la solidez y la impenetrabilidad.

Otra concepción sobre la materia desenvolvió el filósofo francés Descartes, el cual se manifestó contra la teoría atomista, defendiendo la idea de la continuidad de la materia. Descartes negaba la indivisibilidad de los átomos, considerando que la materia es divisible hasta la infinitud. De paso hay que citar a los filósofos ingleses Bacon, Hobbes y Locke, quienes discurriendo sobre el tema de la materia y la manera de conocerla, ampliaron la concepción materialista. Y hay que referirse también al gran filósofo holandés Spinoza, quien superó el dualismo cartesiano, tomando como base la sustancia única, la Naturaleza. La extensión y el pensamiento fueron considerados por el filósofo de Ámsterdam como las propiedades necesarias e inalienables de esta sustancia única. No obstante todos los aspectos débiles y sus defectos, la filosofía de Spinoza constituye la gran síntesis de los conocimientos de aquella época.

Los materialistas del siglo XVIII dieron un paso adelante en la interpretación de la materia, manifestándose de un lado, contra Descartes, que identificaba la materia con la extensión, y del otro lado, contra Newton, que interpretaba la materia como pasiva e inerte. Los materialistas franceses La Mettrie, Holbach, Diderot, Helvecio y otros concebían la materia en unidad con el movimiento. Pero sus concepciones no salieron fuera de los marcos de la metafísica, puesto que consideraban que la materia se compone de partículas iguales e inmutables, porque ya ha habido quien, posteriormente, con indestructible fuerza científica ha dicho que "el reconocimiento de cualesquiera elementos inmutables", "de la inmutable esencia de las cosas" y otras afirmaciones por el estilo, no constituyen un materialismo verdadero sino un materialismo metafísico, o sea, antidialéctico.

El materialismo dialéctico, que es el materialismo filosófico contemporáneo, establece que la materia es el mundo objetivo que existe en las múltiples y variadas formas de su manifestación y no un conjunto de cosas muertas, anquilosadas, inmóviles. Este materialismo no identifica la materia con ninguna de sus formas concretas; distingue claramente el concepto filosófico y el concepto físico de la materia. El concepto filosófico de la materia da una respuesta al problema del carácter primario y de la realidad objetiva de la materia, abarcando todas sus formas, conocidas y desconocidas.

"La materia es una categoría filosófica que sirve para designar la realidad objetiva que es dada al hombre en sus sensaciones, realidad que es copiada, fotografiada, reflejada, por nuestras sensaciones, pero que existe independientemente de ellas". La materia posee una serie de propiedades sustanciales, la principal de las cuales es el movimiento. La materia existe en el espacio y en el tiempo, que son las formas objetivas de su existencia. El concepto físico de la materia se define por nuestros conocimientos científicos acerca de su estructura y de sus propiedades, concepto que no puede dejar de modificarse con la evolución de los conocimientos científicos acerca de la estructura de la materia. Así, en relación con los progresos de la ciencia de fines del siglo XIX y de principios del XX, nuestros conocimientos sobre la estructura de la materia han experimentado un cambio, fueron enriquecidos por nuevos descubrimientos (la radioactividad, la teoría electrónica, etcétera).

La física contemporánea ha revelado que no sólo el átomo tiene una estructura compleja, sino también su núcleo, que se compone de partículas de dos clases: protones y neutrones. El concepto físico de la materia se va modificando, puesto que los conocimientos humanos se profundizan incesantemente. Las ciencias naturales no pueden dar una definición física plena y cabal de la materia, enumerar todas sus propiedades y manifestaciones, ya que la propia materia es inagotable. Pero "la mutabilidad de los conocimientos científicos acerca de la estructura y las formas del movimiento de la materia no refutan la realidad objetiva del mundo exterior".

El concepto filosófico de la materia está íntimamente relacionado con su concepto físico. Pero, a la vez de la conexión entre ellos, es necesario recordar también su diferencia. Confundir el concepto filosófico de la materia, que tiene un valor universal y no transitorio, con la doctrina física acerca de la estructura de la materia, que expresa sólo el nivel alcanzado por la ciencia, puede conducir a negar la existencia de la materia como realidad objetiva, al idealismo filosófico. Confundiendo ambos conceptos de la materia, algunos naturalistas llegaron a una conclusión idealista a raíz de los formidables descubrimientos de la física de principios del siglo XX. Interpretaban el resquebrajamiento de nuestras interpretaciones de la materia como el desvanecimiento de la propia materia. No es la materia la que se desvanece, ha dicho un contemporáneo filósofo de genio, sino el límite hasta ahora conocido el que se esfuma. Nuestro conocimiento se profundiza y descubre nuevas propiedades de la materia.

"Puede envejecer y envejece con cada día la teoría de la ciencia acerca de la estructura de la materia, acerca de la composición química de los alimentos, acerca del átomo y el electrón", pero no puede envejecer el concepto filosófico de la materia. Así, pues, el reconocimiento de la materia como una realidad objetiva que existe antes que el hombre, y que después de la aparición del hombre sigue existiendo fuera e independientemente de la conciencia humana, constituye la premisa básica de todo conocimiento científico.

II

Deseoso de afirmar los principios filosóficos anteriores, di en Guatemala una copia del Himno a la Materia a Julio Fausto Fernández, salvadoreño distinguido y autor renombrado de El Existencialismo, Filosofía de un Mundo en Crisis, para que anotara en papel aparte sus observaciones críticas. Hélas aquí:

"El poema es de una extraordinaria importancia, si se tiene en cuenta la época en que fue escrito y el medio en el cual surgió: fines del siglo XIX o principios del siglo XX, en Honduras. En esa época no se encuentran en ningún otro poeta de Centroamérica las preocupaciones filosóficas de Domínguez. Hay que tomar en cuenta lo que eso significa en Honduras, en esa Honduras que "es honda en el Chamelecón y en el misterio de su montaña bárbara", como dice Salarrué.

Tomado en conjunto, el poema nos parece que es un reflejo del positivismo, entonces muy en boga en toda la América Latina, y de la euforia finisecular causada por el progreso mecánico. No olvidemos que en el año uno del siglo se celebró en París una exposición mundial que fue como el apoteosis de la máquina. En el pasaje número 44 ("Acaso ignora que hay en el éter incontables mundos superiores mil veces a la tierra, etcétera") del poema encontramos, en la ilusión de la posibilidad de vida en otros planetas, una influencia directa de Flammarión, el escritor seudocientífico tan de moda entonces, para quien esa posibilidad era tema predilecto de sus especulaciones.

El poema, tanto en lo poético como en lo filosófico, es "disparejo". En el primer aspecto, encontramos después de un pasaje de bella exaltación lírica otro de pésima calidad prosaica. En cuanto a lo filosófico, el desarrollo ondulatorio del poema es más visible. ¿Sería alcohólico el poeta? Es interesante investigar esto, porque en los alcohólicos es frecuente ese cambio brusco de tono y de tensión.

Otro tema interesante de meditación consiste en preguntarse por qué el poeta no escribió en prosa sus concepciones sobre la materia. Indudablemente el capricho de tratar en verso un tema filosófico no se debe, en este caso, al influjo de los clásicos latinos; más bien debe atribuirse al propósito de escudarse en las musas para decir sarcasmos contra la religión, como es el caso del párrafo 39 ("Sabes acaso que el hombre, ese pigmeo miserable, te desprecia creyéndose en la tierra el rey de lo creado, etcétera"), que no habrían tolerado en prosa, en aquel medio y en aquella época. El verso con fondo filosófico o científico es el género literario más difícil, porque hay cierta incompatibilidad manifiesta entre la emoción que vuela en alas de la fantasía y la reflexión que tiene que correr por los estrechos cauces de la lógica: o se hace arte o se hace filosofía; unir las dos cosas es muy difícil.

El poema, en lo general, es materialista, pero en ningún momento el poeta logra romper el cordón umbilical de la filosofía idealista, que lo une a la placenta religiosa. Por otra parte, los rasgos materialistas son de un materialismo "ingenuo" y rara vez hay atisbos dialécticos.

Desde otro punto de vista, la nota predominante es el pesimismo, cosa que bien puede atribuirse a la influencia poética de los grandes románticos como Leopardi o a la influencia filosófica de Schopenhauer.

Además de las notas dominantes señaladas con anterioridad, otras influencias se hacen notar de una manera evidente: un marcado panteísmo spinoziano; el uso de cierta terminología kantiana; el empleo de fórmulas masónicas y hasta un cierto sabor deísta. La segunda y la tercera de estas influencias representan en la mente del poeta el lastre idealista; la primera y la última representan sus resabios religiosos.

MATERIALISMO MECANICISTA. La materia no acaba ni aumenta; de ella depende todo y a ella torna; no ha tenido alborada ni podrá tener ocaso; la vida sólo es resplandecer fugaz; los elementos se combinan en "prodigiosas mezclas", párrafos 21, 22, 25, 26, 31 ("Tú eres lo único eterno; tú no acabas; tú no aumentas"; "de ti depende todo y a ti torna"; "no has tenido alborada ni podrías tener jamás ocaso"; "pues la vida del ser sólo es fenómeno de resplandor fugaz"; "Ella no mata: en realidad, divide, y separa elementos que bien pronto, al combinarse en prodigiosas mezclas, dan vida inesperada y repentina, etcétera"). Frente al criterio estático de que la materia no acaba ni aumenta, se alza hoy el principio científico (que por otra parte está de acuerdo con las leyes de la dialéctica) de que la materia se transforma en energía y la atrevida pero probable hipótesis de que el Universo se expande constantemente.

El número 22 ("de ti depende todo y a ti torna") concibe la vida como un accidente sin importancia dentro del ciclo cerrado de la evolución de la materia, mientras que el materialismo dialéctico afirma que la vida es una conquista definitiva de la evolución de la materia, una de las últimas superaciones en la espiral ascendente de ésta. La vida es producto de la combinación puramente física de la mezcla de elementos, dice el poeta, lo cual es negar los procesos químicos que constituyen magníficos ejemplos de las superaciones engendradas por la lucha de los contrarios. En efecto, cuando se vierte un reactivo sobre una sustancia, el reactivo "niega" a la sustancia primitiva y esta negación produce una nueva sustancia, superación de ambos contrarios. La concepción poética es, pues, materialista ingenua.

Intuiciones dialécticas. Concebir la materia como "causa y efecto", párrafo 5 ("y eres causa y efecto misterioso de cuantos seres bullen y rebullen") es ya un atisbo dialéctico firme, pues para quienes piensan que la evolución es un proceso ininterrumpido (proceso que bien puede recorrer una trayectoria cerrada), lo que es aquí causa no puede ser más allá efecto; en cambio, para el materialismo dialéctico la causa se puede transformar más allá en efecto y el efecto en causa, reobrando el uno sobre la otra. Llamar a la materia "perenne, siempre joven" es más bien una paradoja verbal que una concepción dialéctica, pasaje 3 ("como madre perenne, siempre joven"). Forzando un poco los conceptos podemos llegar a admitir que la idea de la muerte, como el "agente más activo" de la vida, que se esboza en los párrafos 20, 29 y 30 ("buscando nuevos moldes y por último se transforma y renace de la muerte cual fabuloso fénix"; "La muerte para ti sólo es acaso como un abono que te das tú misma"; "La muerte nunca destruye, ni podrá de modo alguno la más íntima parte de tu masa") es una idea dialéctica, pues se podría sostener que vida y muerte son los contrarios cuyo choque es el motor de la evolución orgánica.

CONSIDERACIONES SOBRE EL PESIMISMO. —El pesimismo occidental, cuyo máximo representante filosófico es Schopenhauer, tiene de común con el fatalismo oriental la afirmación de la impotencia del hombre. En cambio, se diferencian en que el primero no se resigna con esa situación y patalea, gime y grita como una niña histérica, mientras que el segundo "virilmente resignado" se conforma con lo que venga. Nuestro poeta cae en lo primero y está muy lejos de lo segundo. Frente a ambas tendencias, el materialismo dialéctico, al proclamar que el hombre era un pigmeo que "llegó a ser gigante", establece un optimismo sereno. Estamos por decir que el materialismo dialéctico es la única filosofía realmente optimista; número 30 ("¿Sabes acaso que el hombre, ese pigmeo miserable, etc.?"). Frente a la afirmación pesimista y de un grosero relativismo, de que el hombre "a comprender, no alcanza cosa alguna", un materialista dialéctico de genio sostiene que si bien es cierto que hay afirmaciones científicas que sólo pueden ser consideradas como verdades históricamente relativas, hay otras que pueden considerarse como conquistas definitivas del saber humano, verdades que son aspectos parciales de la gran verdad absoluta que el hombre va conquistando poco a poco; pasaje 40 bis ("¿Has hecho caso jamás de sus abstrusas ambiciones, engendradas del delirio de su mente, que a comprender no alcanza cosa alguna, etcétera?"). Otras pruebas del pesimismo lacrimoso del poeta son los pasajes 41, 45, 46, 47 y 55 ("ni encontrará la clave que la ayude a explicarse los enigmas"; "Pobre hombre, infeliz individuo condenado, etcétera"; "¿Acaso tiene misión alguna individual el hombre?, etcétera"; "¡Ah! La vida, la vida individual es para el hombre una cosa tristísima"; "Todo fenece al fin, la vida es sueño"). Además, en los párrafos 45 y 55 se muestra poco original al tomar ideas de Calderón de la Barca.

KANTISMO. —Cierta influencia kantiana, principalmente en lo que se refiere a la distinción entre "nóumeno" o esencia y "fenómeno" o forma, se nota en los pasajes 2, 23 y 42 ("que con el gran prodigio de tu esencia y el arcano infinito de tus formas"; "pues tu esencia suprema, indestructible, es tan compleja y a la vez tan una que recorre una escala interminable de formas, de organismos y de vidas"; "ni siquiera conocerá la esencia milagrosa").

PANTEÍSMO. —Bajo el nombre genérico de panteísmo se suele agrupar a tendencias filosóficas y hasta místicas de muy variada orientación; pero, a grandes rasgos, podemos decir que dos son las tendencias esenciales del panteísmo: de un lado tenemos el panteísmo que podemos llamar orientalista o mejor aún orientalizante, del otro tenemos el panteísmo que llamaremos por comodidad spinoziano. El primero, de marcada tendencia idealista, sostiene que en todas las leyes naturales hay un fondo ético, de lo cual se deduce que la Naturaleza en sí tiene una esencia moral que es como una fuerza inteligente que preside y dirige toda su evolución y por ello ve en todos los fenómenos naturales una manifestación de esa fuerza moral creadora y directora.

El panteísmo spinoziano, que es una especie de materialismo vergonzante o mejor aún una indecisa doctrina que oscila entre el idealismo y el materialismo, confunde implícitamente a Dios con la Naturaleza, a la cual dota de atributos personales: inteligencia, omnipresencia, etc. Para esta tendencia, la Naturaleza es producto de un acto de "creación". ¿De quién? No lo dicen muy claro, pero para ser lógicos con un aspecto de su doctrina, deberían afirmar que es producto de "autocreación", lo cual los llevaría a ponerse en contradicción con aquel otro aspecto doctrinal en que definen la materia como una realidad "personificada" por encima y detrás de la Naturaleza. El panteísmo del poema de que nos ocupamos es lazo de unión más visible del poeta con la filosofía espiritualista, pero, hay que decirlo en elogio del autor, su panteísmo es del segundo tipo, es decir, del que más se acerca al materialismo.

Ejemplos los tenemos abundantes en los siguientes pasajes: La materia es eterna (1). Está dotada de una fuerza fecundadora (4). Es "prolífica y sagrada" (6). Es una fuerza ordenadora (7). Produce obras perfectas (8), en una especie de acto inteligente. Tiene el atributo personal de soberanía (10). Es una especie de "demiurgo" creador (11). En su seno lleva un "alma mater" o fuerza espiritual creadora (13). Esta fuerza espiritual es "incontrastable, inteligente y pura" (14). En un acto de creación da vida y organiza a los seres (16 y 17). Ese demiurgo a quien el poeta designa con el nombre de materia, es "alma y vida del gran todo llamado creación" (24). Los actos de creación de esa abstracta personalidad a quien llama materia, están previstos conforme a un plan colosal predestinado (28). La personalidad providencial de la materia está provista de grandes virtudes (32); cuando crea no medita si hace bien o mal, pero es capaz de meditar porque es la perfección suprema (33, 34 y 35). Es sublime (37). La materia es una realidad transnatural, situada más allá de la Naturaleza, pues ésta "es tan sólo como un movible espejo" de las formas de aquella (40 bis). Este último pasaje sería decisivo para corroborar nuestra afirmación, si más adelante el poeta no le preguntara a su dios-materia: "¿Eres Dios mismo?" (56); o si no la personalizara al sostener que sus "pensamientos son acciones" (57). En el mismo sentido están los pasajes 53 y 54 ("que tu existencia es como todo lo que alienta y vive en la esfera del orbe"; "todos los seres que lo creado encierra sólo somos visiones muy fugaces"). Casi estamos tentados a decir que el verdadero nombre del poema debió haber sido "Oda panteísta".

ALUSIONES MASÓNICAS. —Pasajes 40, 51 y 52 ("porque su origen arranca del aliento luminoso del divino arquitecto de los mundos"; "en conjunto de todos los hermanos como un vasto taller"; "el progreso constante, el noble imperio de la fraternidad").

ATADURAS IDEALISTAS. —Pasajes 9, 12, 14, 19, 24 y 43 ("de ti el cuerpo reciben y el aliento"; "la fuerza ese milagro portentoso"; "que incontrastable, inteligente y pura"; "porque en el laboratorio de lo creado"; "¡oh! materia, alma y vida del gran todo llamado creación").

RESABIOS DEÍSTAS. —Pasajes 15, 36, 53 y 59 y las lógicas derivaciones místicas de estos se encuentran en los números 35, 48 y 50 ("cual si Dios mismo su poder rigiese"; "de la inconciencia, que por ley divina"; "ver a Dios que les ve tras de las nubes"; "Digna obrera de Dios, ¡mil veces salve!"; y luego, "reside en ti la perfección suprema"; "tal vez porque jamás nos conformamos"; "a través de la fe yo miro el mundo").

CONFUSIONES NOTABLES. —Ejemplos de confusión entre los conceptos de vida y materia los tenemos en los pasajes 18, 27 y 58 ("En ti reside, de ti dimana y hacia ti refluye la vida universal"; "pero el conjunto inmenso de las vidas que forman el vastísimo Universo"; "soy átomo que piensa porque vive"). En el pasaje 58 hay además una curiosa inversión de los términos de la famosa proposición cartesiana.

VATICINIO. —Lamentamos decir que el poeta en su condición de vidente resultó fallido al afirmar que el hombre "ni siquiera conocerá la esencia milagrosa del átomo". De si puede o no conocerla nos pueden informar los sobrevivientes de Hiroshima.

III

Es racional la conjetura de Julio Fausto Fernández acerca del Himno a la Materia del poeta José Antonio Domínguez, quien deja fuerte duda sobre su íntima convicción filosófica, si fue materialista, panteísta, idealista o si fue solamente un discípulo de Schopenhauer que aprovechó el recurso de la materia para expresar en verso su desencanto de la vida. De otra parte, las fallas de la crítica de Fernández, que son varias, van en provecho del poeta y dejan en pie la presunción de su materialismo. Mejor dicho, de su prematerialismo por no haber conocido el materialismo dialéctico, vale tanto decir el verdadero materialismo filosófico. Para entrar en el tema, dilucidarlo y salir con algunas conclusiones, vamos a citar a unas cuantas personalidades filosóficas que pudieron influir el pensamiento de Domínguez en su inspirado poema del Himno a la Materia.

DIDEROT. —Es uno de los iniciadores de la Ilustración francesa, filósofo materialista, el más grande ideólogo de la revolución capitalista del siglo XVIII; notable escritor, fundador y redactor de la Enciclopedia. Por sus concepciones radicales fue víctima de represalias. Diderot era materialista y ateo. Afirmaba la existencia objetiva de la materia, a la que el movimiento es inherente eternamente. Decía que la quietud absoluta es una abstracción y que "no la hay en la Naturaleza". Concebía el movimiento como un desplazamiento mecánico y como un esfuerzo interno de la materia. El espacio y el tiempo eran considerados por él como formas objetivas de existencia de la materia, y ésta compuesta de moléculas.

A cada molécula le es propia una fuente interna de movimiento, una "fuerza íntima", cuya expresión exterior es el desplazamiento mecánico en el espacio. Todos los cambios en la Naturaleza están sometidos a la ley de la causalidad. Los fenómenos de la Naturaleza se hallan en una condición mutua indisoluble, en una unidad. No hay fronteras infranqueables entre la materia viva y no viva, ambas pueden transformarse mutuamente la una en la otra.

Diderot expresaba una serie de elementos de la interpretación dialéctica del mundo, particularmente sobre el problema de la evolución de los seres vivos. Las diversas especies de los seres vivos se hallan en un proceso de mutación constante. En la evolución de la Naturaleza, incluyendo también al hombre, existe una continuidad, en consonancia con la cual hay que construir la clasificación de los seres. "Hay que empezar —escribía— por la clasificación de los seres, desde la molécula inerte, si existe como tal, hasta la molécula viva, el animal microscópico, el animal-vegetal, el animal propiamente y el hombre". La sensación es la propiedad de la materia. Desde el punto de vista de Diderot, toda materia posee sensibilidad. Además, distingue la forma inerte, encubierta, de sensibilidad, inherente a la Naturaleza inorgánica, y la sensibilidad activa, propia de la Naturaleza orgánica.

El raciocinio mismo es, desde el punto de vista de Diderot, una forma desarrollada de la sensibilidad de la materia. Las sensaciones son la fuente del conocimiento humano, y nacen como resultado de la acción de los objetos y fenómenos de la Naturaleza sobre los órganos de los sentidos. No sólo las sensaciones, sino también las complicadas deducciones y conclusiones mentales, reflejan, según Diderot, la conexión mutua real de los fenómenos de la Naturaleza. Diderot estima que el criterio de la verdad es la experiencia, considerando como veraces las representaciones que reflejan correctamente la realidad objetiva. Diderot negaba decididamente la existencia de Dios y sometió a una severa crítica los dogmas religiosos acerca de la inmortalidad del alma, el libre albedrío, etc. Refutando la moral religiosa feudal, dio como fundamento de la conducta moral de los hombres su aspiración a la felicidad. Interpretando de manera materialista la Naturaleza, sin embargo, continuó siendo idealista en historia.

Como los demás materialistas franceses del siglo XVIII, colocaba el carácter del régimen social en la dependencia de la organización política de la sociedad, que a juicio de Diderot nace de la organización existente y, en última instancia, de las predominantes de la sociedad.

Por la breve semblanza de Diderot, ha de verse que Domínguez tiene presente al filósofo francés en la composición del Himno a la Materia. En efecto, Domínguez afirma la realidad objetiva de la materia. Su movimiento incesante. Su espacio infinito. Su tiempo eterno. Por lo tanto, su carencia de principio y de fin. Su desplazamiento mecánico y también su esfuerzo interno. La vida universal como expresión de la materia, incluyendo la vida del hombre. La muerte como una manifestación necesaria en el interminable conflicto vital del Universo. Domínguez sigue a Diderot hasta en sus atisbos dialécticos. Si las leyes dialécticas no habían sido descubiertas en los días de Diderot porque no había llegado el tiempo del grandioso descubrimiento, reveladas en los días de Domínguez no tuvo ocasión de conocerlas, como no las conoció ningún latinoamericano.

Así es que Fernández llevó su crítica al exceso y hasta con afirmaciones que rechaza el propio materialismo dialéctico, a nombre del cual dice hablar, como cuando afirma: "Frente al criterio estático de que la materia no acaba ni aumenta, se alza hoy el principio científico —que por otra parte está de acuerdo con las leyes de la dialéctica— de que la materia se transforma en energía y la atrevida pero probable hipótesis de que el Universo se expande constantemente". Eso último dice Fernández encantado de la teoría "expansible" de Eddington, posiblemente sin saber que el materialista dialéctico George Kursanov la objetó de la manera siguiente:

"Una multitud de especulaciones de la filosofía moderna y de la religión están vinculadas con esta idea. El mundo durante los últimos veinte años ha estado literalmente inundado con estas clases de teorías acerca del Universo 'explosivo', 'expansivo' y 'pulsante'. Se intentan hacer cálculos del 'fin del mundo'. Todas estas especulaciones anticientíficas, manejadas por la filosofía idealista y la religión, tienen definida orientación, a saber: combatir el Weltanschauung materialista y superarlo con el idealismo y el Weltanschauung religioso. Es completamente evidente que todas estas teorías están en completa oposición con toda la ciencia y, sobre todo, con la ley inmutable de la Naturaleza, la de que la materia es eterna y nunca fue creada. La tesis del materialismo es la única científica, porque solamente esta tesis de la infinitud del mundo en el espacio y en el tiempo permite la explicación del mundo sobre las bases de las leyes científicas naturales. El Universo es infinito en el espacio y en el tiempo; finito y transitorio son simples palabras, pero el mundo como un todo existe en el espacio infinito".

SPINOZA. —El panteísmo es una doctrina filosófica, según la cual la Divinidad como principio espiritual e impersonal no se halla fuera de los límites del mundo, sino esparcida en ella. La Naturaleza y Dios, según afirman los panteístas, son idénticos. Los representantes del panteísmo filosófico fueron Erígena (siglo IX) y Nicolás de Cusa (siglo XV). Elementos panteístas contenía la filosofía de Giordano Bruno. A partir del siglo XVI, el panteísmo desempeñó un papel todavía más positivo al servir de antesala para el materialismo y el ateísmo. Sobre el significado del panteísmo en la historia de la filosofía, un filósofo de genio ha dejado escrito: "... Desde Descartes a Hegel, y desde Hobbes a Feuerbach, no fue solamente, como se lo imaginaban los filósofos, la única fuerza del pensar puro la que los impulsó hacia adelante.

Al contrario. En realidad fue el prodigioso desarrollo, cada vez más acelerado y potente, de las ciencias naturales y de la industria el que les empujó hacia adelante. Los materialistas lo veían claramente. Pero también los sistemas idealistas se llenaban cada vez más de un contenido materialista, tratando de reconciliar de una manera panteísta la oposición entre el espíritu y la materia".

Ahora bien: en rigor histórico, Baruch Spinoza, comúnmente considerado como el padre del panteísmo moderno, fue en el fondo, única y exclusivamente, un materialista y un ateo, y hacemos esta afirmación contando con el respaldo de autoridades filosóficas irrefutables. Spinoza, filósofo holandés, refutaba a Dios como creador de la Naturaleza. Al llamar a la Naturaleza Dios, quiso significar que es la causa de sí misma, que ella lleva implícita la causa de su propia existencia y de la de todos los objetos. Sometiendo a una crítica severa el dualismo de Descartes, Spinoza creó un grandioso sistema monista, en el que la extensión y el pensamiento son declarados atributos (propiedades esenciales) de la sustancia única, la Naturaleza. Spinoza concebía el movimiento como un desplazamiento mecánico del cuerpo en el espacio y no lo consideraba como un atributo de la sustancia, atribuyéndolo sólo a los objetos individuales. De ello resultó que, según la filosofía de Spinoza, solamente los objetos individuales cambian, pero la Naturaleza en su conjunto permanece siempre inmutable. En la teoría del conocimiento, Spinoza era el continuador del racionalismo de Descartes, considerando que el conocimiento auténtico se logra por la propia razón, sin la ayuda de los sentidos. La aplastante mayoría de los historiadores de la filosofía consideran incorrectamente a Spinoza como un panteísta. En realidad, era un ateo y criticaba acerbamente a la religión, por lo que fue expulsado de la comunidad hebrea. Por sus concepciones políticas, Spinoza era partidario de la democracia favorable al desarrollo del capitalismo. El materialismo de Spinoza ejerció gran influencia sobre los materialistas franceses y la Ilustración alemana del siglo XVIII. Dejó varias obras fundamentales, siendo La Ética la más divulgada.

La apreciación errónea de Julio Fausto Fernández de que Spinoza era panteísta lo condujo al nuevo error de atribuirle spinozismo a Domínguez. Y la concepción estática de que el panteísmo no desempeñó un papel progresista en la historia, lo llevó al equívoco de considerar el Himno a la Materia una "Oda panteísta" de tendencia reaccionaria en filosofía. De todas maneras, en el uno o en el otro caso, o en ambos a la vez, Domínguez con el Himno a la Materia se demuestra progresista en la América Latina por el objeto filosófico de su canto, que no había sido imaginado por ningún otro vate.

Además, olvida Fernández que quien habló primero en el Renacimiento del Universo como conjunto de mundos innumerables fue Giordano Bruno, quemado en la hoguera inquisitorial por sus ataques al oscurantismo sostenido por la Iglesia y por la propagación de sus ideas científicas que completaban las de Copérnico en el campo astronómico. Así es que fueron las ideas científicas de Bruno las que expuso y amplió el astrónomo Camilo Flammarion, en forma novelada para que llegaran al pueblo, y las cuales están lejos de ser pseudocientíficas. Si Domínguez leyó a Flammarion en La pluralidad de los mundos habitados para llevar sus conceptos al Himno de la Materia, en todo caso no aplicó un criterio metafísico sino una hipótesis de bien fundada validez científica.

KANT. —Es el fundador del idealismo clásico alemán. "El rasgo fundamental de la filosofía de Kant es la conciliación del materialismo con el idealismo, el compromiso entre ellos". Kant afirma que existe algún objeto fuera de nuestra conciencia, al que llama "cosa en sí", que a su juicio, por otra parte, es incognoscible, está más allá de nuestro conocimiento. Es lo "trascendente". "Cuando Kant admite que a nuestras representaciones corresponde algo fuera de nosotros, alguna cosa en sí, Kant es materialista. Pero cuando declara esta cosa en sí como incognoscible, Kant es idealista. Al reconocer la 'cosa en sí' como incognoscible, Kant construyó la teoría del conocimiento sobre bases que le acercan al idealismo subjetivo. Bajo la influencia del impulso comunicado a la 'cosa en sí', la facultad sensorial del hombre, a juicio de Kant, crea un caos de percepciones que son ordenadas con la ayuda de formas subjetivas de contemplación: el espacio y el tiempo. De esta manera se obtienen fenómenos u objetos sensoriales.

Más adelante actúa el entendimiento, que con ayuda de las categorías lógicas subjetivas que le son inherentes, convierte este objeto sensible (fenómeno) en un concepto. La esfera superior del conocimiento humano es la razón, que se guía también por ideas subjetivas: del alma como sustancia; del mundo como un todo único; de Dios. Kant consideraba, pues, que el espacio, el tiempo, la causalidad, las leyes de la Naturaleza, no son propiedades de la misma Naturaleza, sino de la facultad cognoscitiva del hombre. Kant las reconoció como pre-experimentales: "apriorísticas", y como condiciones de toda experiencia: "trascendentales". De aquí el nombre que Kant dio a su filosofía: "idealismo trascendental", es decir, el idealismo que reconoce que las formas apriorísticas del conocimiento anteceden a la experiencia y la condicionan. Kant decía que el entendimiento impone las leyes a la Naturaleza. Todo el cuadro de la Naturaleza, tal como se representa ante el conocimiento humano, fue estimado por Kant como la construcción subjetiva del raciocinio. A juicio de Kant, la unidad de la Naturaleza no es dada por la materialidad de ésta, sino por la unidad del sujeto conocedor, del "Yo".

Todos los intentos de salirse fuera de la experiencia, a juicio de Kant, conducen inevitablemente a la razón a contradicciones insolubles. Kant señaló correctamente que la razón cae inevitablemente en contradicciones, pero las propias contradicciones las concebía sólo como extravíos, como ilusiones, y no como el reflejo de las efectivas contradicciones de la realidad. Como lo señaló Kant, su teoría del conocimiento consistía en establecer una tal delimitación de los derechos de la razón, que dejara lugar para Dios más allá del conocimiento. En su teoría ética, consideraba indispensable para mantener la moral reconocer la existencia de Dios y de la inmortalidad del alma. Con su hipótesis acerca del origen del sistema solar, Kant intentó abordar la Naturaleza, por primera vez en el siglo XVIII, desde el punto de vista de su desarrollo.

A este propósito, un materialista genial concedía gran importancia filosófica a la hipótesis kantiana, haciendo notar que fue Kant el primero en abrir una brecha en la concepción metafísica del mundo que niega el desarrollo. La filosofía de Kant era la ideología del cuadro humano que dirigía el joven capitalismo alemán, que necesitaba hacer una crítica de los conceptos filosóficos y jurídicos de la época feudal, pero que, siendo débil, buscaba al mismo tiempo el compromiso con el absolutismo político, no pudiendo pasar más allá de un liberalismo "desdentado".

Julio Fausto Fernández encuentra cierta influencia kantiana en el Himno a la Materia de Domínguez. Efectivamente, existe y es evidente la influencia del criticismo kantiano, al punto que Fernández, saliéndose de su exposición escueta por haber acertado en esta ocasión, debía haberle dado más amplitud a su razonamiento. Al solazarse en hallar de todo en el Himno a la Materia, como si le regocijara el encuentro de una miscelánea, pasó por alto señalar la tendencia filosófica más acentuada del poeta, y por este imperdonable motivo apenas le dedicó unas cuantas líneas a la influencia kantiana.

Entre los intelectuales serios de la América Latina en el siglo XIX, nadie se perdonaba el desconocimiento de Kant, y es claro que Domínguez conocía la Crítica de la Razón Pura, al menos. Por lo tanto, es visible que le satisface en el Himno a la Materia la conciliación del materialismo y el idealismo. Que la sigue cuando Kant admite que a nuestras representaciones corresponde algo fuera de nosotros, y en este sentido es materialista con él. Y que también la sigue en aquello de que la "cosa en sí" es incognoscible, siguiendo al pie de la letra el idealismo del filósofo alemán. Fue así que dijo algo que para Fernández es una ignorancia: que el hombre "ni siquiera conocerá la esencia milagrosa del átomo". Allí el poeta hablaba a nombre de la incognoscible "cosa en sí", del "nóumeno", y seguía a Kant en la afirmación de que la teoría del conocimiento consiste en establecer una tal delimitación de los derechos de la razón, que deje un lugar para Dios más allá del conocimiento. Y en definitiva, lo que hay decididamente en el Himno a la Materia de Domínguez es criticismo kantiano, materialismo e idealismo conciliados, "fenómeno" y "nóumeno", cosas conocibles e incognoscibles. Sólo no siguió el poeta al filósofo Kant en los lugares comunes de la Crítica de la Razón Práctica.

SCHOPENHAUER. —Este filósofo alemán se decía discípulo de Kant. Declaraba que "el efecto que produce la lectura de Kant es semejante al de la operación de la catarata sobre un ciego: causa en nosotros un renacimiento intelectual. Desde Kant existe un nuevo modo de filosofar". Pero para ser original, se apartaba de la divinización de la inteligencia de los idealistas clásicos, y a la manera cartesiana en el cogito, ergo sum, iniciaba su razonamiento filosófico diciendo: Vistas las conclusiones críticas del mundo como representación, no cabe más salida que el mundo es mi voluntad. Así reinstaló en los tiempos modernos la filosofía voluntarista, con su compleja obra El Mundo como Voluntad y como Representación.

En realidad, el voluntarismo es una de las tendencias idealistas subjetivas en filosofía que niega la existencia de leyes objetivas y necesarias en la Naturaleza y en la Sociedad, atribuyendo el valor decisivo, primario, a la voluntad. Los representantes del voluntarismo son Schopenhauer, Hartmann, Nietzsche y otros, sin ser originales, pues las fuentes de esta tendencia emanan del profundo Medioevo; las hallamos en las doctrinas de los Padres de la Iglesia: en San Agustín (354-430), que consideraba la fuerza de la voluntad como el fundamento de la persona y que unió esta teoría con la doctrina de la predestinación divina; y, en el conocido escolástico de la Edad Media,

Duns Escoto, que reconocía abiertamente la primacía de la voluntad sobre la razón, de la casualidad sobre la necesidad, y veía en la voluntad activa el fundamento y el objetivo de la perfección humana y la dependencia del hombre respecto a la voluntad divina. El carácter reaccionario del voluntarismo se manifestó ya en sus mismos orígenes. Habiendo sido dirigido contra la teoría de las leyes materiales objetivas, el voluntarismo se acomodó con las teorías fatalistas de la predestinación y de la voluntad divinas.

En la filosofía moderna, el voluntarismo está vinculado, como lo señaló un materialista de genio, con la línea de Kant y de Hume, con la negación de la existencia de leyes objetivas en la Naturaleza y en la Sociedad, con la fórmula kantiana de que "la razón impone las leyes a la Naturaleza". Un ejemplo manifiesto de tal voluntarismo idealista es el machismo (de Mach) que niega las leyes objetivas de la Naturaleza y que "reconoce el mundo de la voluntad". Y así, para una infinidad de escuelas social-políticas, el voluntarismo fundamenta filosóficamente las teorías sociológicas subjetivas de las "personalidades vigorosas" como fuerzas orientadoras del proceso social. Para los neokantianos, el voluntarismo sirve para disimular lo inevitable de la muerte de cierta sociedad humana y para proclamar la eternidad de la misma.

Para Nietzsche, el voluntarismo supone la justificación de la violencia de las clases dominantes y la esclavización de las dominadas. Una difusión particularmente amplia obtuvieron las diversas teorías voluntaristas en la ciencia y en la filosofía contemporáneas. El miedo a la transformación dialéctica en la sociedad y al inevitable colapso de determinado sistema social obliga a los ideólogos aterrorizados a buscar en las diversas teorías del libre albedrío una salvación contra las leyes inexorables del desarrollo histórico. Pero en el caso particular de Schopenhauer, que restableció el voluntarismo de San Agustín y Duns Escoto, y no pudo modernizar la predestinación divina, colocó en lugar de esta última su famoso pesimismo, que proclamó el desprecio de la vida del hombre y hasta el odio de la sociedad humana.

Hay más en Schopenhauer, que no es conveniente omitir si hay deseo de dominar el vasto panorama de su filosofía pesimista. Gracias a los trabajos de Max Muller, que produjeron sorpresa y entusiasmo en Alemania y en Europa, entró en conocimiento de la filosofía del Oriente, en particular de los grandes sistemas filosóficos de la India, concebidos y elaborados siglos antes de Cristo, a los cuales la investigación les dio el carácter de vertientes alimentadoras de la filosofía griega, del neoplatonismo y hasta de la correspondiente a los Padres de la Iglesia de la Edad Media. Schopenhauer, encantado del hallazgo, estudió a Vyasa, presunto fundador de la escuela Vedanta, cuya visión de lo Absoluto es más clara que la de Platón; a Patanjali, jefe de la escuela Yoga, quien inventó la noción del Dios unipersonal, estableció la predestinación y le dio primacía a la voluntad para buscar la unión con la Divinidad; y, finalmente, estudió a Kapila, dirigente máximo de la escuela Sankhya, considerado en la India como materialista y ateo, pero siendo en realidad el cimentador del panteísmo en el Oriente, pues "prakriti" (materia y energía) convive con "purusha" (principio espiritual animador) y ambos llenan lo Absoluto.

En el caso de la escuela Vedanta, lo Absoluto se manifiesta, se refleja, se representa en el Universo infinito, eterno y dinámico. Esta representación, reflejo o manifestación es un acto de voluntad, principio que le dio la clave mágica a Schopenhauer. Y más cuando un segundo principio complementario le acabó de aclarar el pensamiento al decir que el Universo manifestado, reflejado y representado no era más que "maya" (ilusión) que retenía al hombre (en parte maya y en parte chispa divina) impedido por el velo de "avidya" (ignorancia) para penetrar y gozarse de la verdad radiante de Brahman (Absoluto). En definitiva, la escuela Vedanta despertó la agresividad de Schopenhauer contra Berkeley y Hume, a quienes vio tanteando a la manera de los ciegos en sus teorías del mundo como representación; el desprecio de la inteligencia que no llega a descorrer el velo de maya con simples conjeturas científicas; la magnificación de la voluntad que, siendo la esencial manifestación, es la facultad excelente que persigue la reintegración en lo Absoluto; y la concepción de la vida del hombre como sacrificio, pues el "atma" (chispa de Brahman), señora que está encima del alma corriente, enterrada en la encarnación, desespera por liberarse. Naturalmente, lo que en la India es claridad, en Schopenhauer es complicada sistematización alemana y negación de algunos principios del Oriente.

Así se explica que cante el poeta Domínguez en la parte moral de su poema el Himno a la Materia:

"¡Ah! la vida; la vida individual es para el hombre una cosa tristísima: hasta es justo dejar que el pensamiento se solace soñando en nuevas vidas tras la tumba. Es tan triste vivir breves momentos para morir después, que a ser posible fuera mejor exterminar la especie e impedir que el dolor la perpetúe vedándole al amor reproducirse. ¡Ay, infeliz del que por suerte cae en el círculo odioso de la vida, porque, juguete de inclementes hados, irá sin rumbo padeciendo siempre hasta hallar su sepulcro...!"

Me parece que Julio Fausto Fernández le puso poca atención al Himno a la Materia o sintió aversión hacia el poeta Domínguez, razón por la cual dejó inédito el verdadero vaticinio del poema. El siguiente trozo lírico es muy revelador:

"Pero todo eso es sólo un espejismo de la mente: todos los seres que lo creado encierra sólo somos visiones muy fugaces. Todo fenece al fin, la vida es sueño que se pierde entre dos noches obscuras. La muerte misma es ilusión. Tú sola, oh materia grandiosa, ilimitada, persistes sobre todo eternamente. ¿Eres hija de Dios? ¿Eres Dios mismo? Yo no sé qué eres tú, ni a ti te importa que yo crea o que dude. Inexorable y muda a mis preguntas permaneces como si fueses sorda e insensible. ¿Qué le importa al coloso formidable lo que piense la oruga?"

Domínguez acepta el voluntarismo de Schopenhauer y por ello no llega hasta la mustia alegría de Vyasa, que promete "avatares" (reencarnaciones) que acercan a la Divinidad. Se queda en la timidez de la filosofía occidental en el siguiente trozo lírico:

"Tú sin duda no debes ni pensar. No te hace falta porque tus pensamientos son acciones. Eres tan grande, en realidad tan grande, que delante de ti todo es pequeño. Y a pesar que muy pronto yo, si acaso soy átomo que piensa porque vive, dejaré de alentar para perderme y fundirme en tu seno hecho partículas que, al combinarse, darán vida muy luego ora a viles insectos y gusanos, ora a yerbas y arbustos, al mezclarse. ¡Pensar que este fenómeno radiante de mi vida infeliz ha de extinguirse cual si no hubiese sido!"

El canto pesimista se cierra con una conformidad majestuosa ante la cual la resignación de las religiones, que acepta el sufrimiento porque espera, resulta una virtud liliputiense. Termina así el Himno a la Materia:

"¡Qué tristeza! El hombre es en la tierra cual sonámbulo que dirige fantástico destino o torpe acaso sin razón ninguna; mas, no la escarnezcamos, que no es justo: su desgracia fatal culpa es de nadie; pues nada en realidad es malo o bueno. ¡Por eso, resignado y conmovido, yo te canto, oh materia despiadada! Eres monstruo a la vez que santa madre; mezcla de sombra y luz; conjunto inmenso donde todo comienza y todo acaba como en terrible mar. ¡Salve mil veces, cuna y sepulcro de los mismos astros! ¡Digna obrera de Dios! ¡Mil veces salve!".

IV

La única importancia que puede tener este trabajo, que por otra parte no es original, es la de que el poeta José Antonio Domínguez, autor del Himno a la Materia, invita a discurrir sobre el materialismo, tomando en cuenta la poco inspirada capacidad de quien lo emprende, siendo él mismo el primero en reconocer esa limitación intelectual, y tomando en consideración los pobrísimos elementos bibliográficos que puede ofrecer Honduras, uno de los países más atrasados de la América Latina, donde por consiguiente no hay inquietudes filosóficas. Lo expresado indica que esto es una repetición de ideas ajenas, lastimosamente expuestas, y que la única aportación es quizás el haber propuesto un tema materialista en el medio, en torno a la fecha en que el hombre, armado del materialismo dialéctico, está probando la eficacia de éste en el campo de la ciencia, al lanzar por primera vez en la historia humana un satélite artificial a los espacios, que a una altura de novecientos kilómetros rodea la tierra en noventa y seis minutos, describiendo su círculo sin cesar. ¡Gloria al genio del hombre y a la filosofía, a la ciencia y a la técnica de los tiempos contemporáneos!

Ahora, el materialismo filosófico es la forma superior del materialismo de todos los tiempos. El materialismo antiguo era un materialismo mecanicista: hacía extensivas las leyes de las formas más simples y mecánicas del movimiento a todos los fenómenos de la Naturaleza y de la Sociedad. El materialismo filosófico se apoya en los progresos logrados por todas las ciencias que estudian las múltiples formas del movimiento de la materia. El materialismo antiguo era un materialismo metafísico; es decir, examinaba el mundo en estado de quietud y de inmutabilidad. El materialismo filosófico es un materialismo dialéctico, por cuanto examina la Naturaleza y la Sociedad en su evolución y renovación incesantes. El materialismo antiguo no ha podido explicar de manera materialista los fenómenos sociales. El materialismo filosófico aplicó por primera vez los principios del materialismo dialéctico a la interpretación de la Sociedad y fundamentó la concepción materialista de la historia. El materialismo antiguo era un materialismo contemplativo, puesto que no comprendía el papel transformador de la actividad práctica del hombre de una manera abstracta y no como el conjunto de todas las relaciones sociales (concretas e históricamente determinadas), y por eso sólo "interpretaban" el mundo, mientras de lo que se trata es de "cambiarlo", o sea que no comprendían el valor de la "actividad revolucionaria práctica". Por eso el materialismo filosófico es el más poderoso instrumento de conocimiento y de transformación del mundo.

Los rasgos fundamentales del materialismo filosófico son: 1) Reconoce el carácter material del mundo; que el mundo se desarrolla con arreglo a las leyes del movimiento de la materia; 2) Reconoce el carácter primario y de realidad objetiva de la materia y el carácter secundario de la conciencia; 3) Reconoce la cognoscibilidad del mundo material y de las leyes que le rigen; reconoce la veracidad objetiva de los conocimientos científicos. El materialismo filosófico parte del criterio de que el mundo es, por naturaleza, algo material, que los fenómenos del mundo constituyen diversas formas de la materia en movimiento. El materialismo filosófico demuestra que los múltiples y variados cuerpos de la Naturaleza, desde la partícula más pequeña del átomo hasta los más gigantescos planetas, desde las minúsculas bacterias hasta los animales superiores, y el hombre mismo, constituyen la materia en sus formas y fases diversas de su evolución.

Por oposición al idealismo, que reconoce la creación del mundo por un Dios o que el mundo es la materialización de una "idea absoluta", de un "espíritu universal", de la conciencia, el materialismo filosófico parte del criterio de que la materia, por nadie creada, existe eternamente, que el mundo se desarrolla con arreglo a las leyes que rigen el movimiento de la materia sin necesidad de ningún "espíritu universal", de ningún "Absoluto ideal". Por oposición al idealismo, que afirma que sólo nuestra conciencia tiene una existencia real y que el mundo material, el ser, la Naturaleza, sólo existen en nuestra conciencia, en nuestras sensaciones, en nuestras ideas; el materialismo filosófico parte del criterio de que la materia, la Naturaleza, el ser, son una realidad objetiva que existe fuera de nuestra conciencia e independientemente de ella, de que la materia es lo primario, y la conciencia lo secundario, lo derivado, ya que es la imagen refleja de la materia; al llegar a un alto grado de perfección en su desarrollo, es un producto del cerebro.

El materialismo filosófico resuelve también consecuentemente el otro aspecto del problema fundamental de la filosofía: ¿nuestro pensamiento es capaz de conocer el mundo real? Por oposición al idealismo, que refuta la posibilidad de conocer el mundo y las leyes por las que se rige, que no cree en la veracidad de nuestros conocimientos, el materialismo filosófico parte del principio de que el mundo y las leyes por las que se rige son perfectamente cognoscibles. El materialismo afirma que la práctica humana es la comprobación más decisiva de la veracidad de nuestros conocimientos, que en el mundo no hay cosas incognoscibles, sino simplemente cosas aún no conocidas; pero que la ciencia y la experiencia se encargarán de revelar y de dar a conocer. Una enorme importancia tiene la aplicación de los principios del materialismo filosófico a la historia de la Sociedad. "La fuerza y la vitalidad del materialismo filosófico estriban precisamente en que toma como base en la actuación práctica las exigencias del desarrollo de la vida material de la sociedad, sin desligarse jamás de la vida real de ésta". En resumen de cuentas, cuando el idealismo, en sus distintas escuelas y tendencias, demuestra hallarse en crisis, el materialismo filosófico se levanta y eleva, optimista y triunfal, en los tiempos contemporáneos.

Naturalmente, el poeta José Antonio Domínguez, según las revelaciones del Himno a la Materia, pudo haber recordado al lejano

Lucrecio en aquel poema materialista de la antigüedad De la Naturaleza de las Cosas; pudo haber tenido a la vista a Diderot en algunos capítulos saturados de materialismo mecanicista con atisbos dialécticos de La Enciclopedia; siempre en los tiempos modernos, pudo haber meditado la filosofía de Spinoza, de un materialismo incipiente en varias obras, entre ellas La Ética; con mayor entusiasmo, pudo haber leído las densas páginas del idealismo subjetivo de Kant, en la Crítica de la Razón Pura; finalmente, como aquellos filósofos estaban lejos de ofrecerle una moral satisfactoria, pudo haber seguido a Schopenhauer en El Mundo como Voluntad y Representación y adoptar la moral pesimista que gotea su notable poema. Pero José Antonio Domínguez, por lo que refleja el Himno a la Materia, no conoció y estuvo lejos de conocer el materialismo filosófico. De haberlo conocido, de haber recogido su entusiasta influencia, otra habría sido su poesía y otra su conducta. El poeta fue un suicida. Sus últimas palabras fueron: "Corazón, húndete en la nada".

V

Como se aborda la semblanza de un poeta que siguió el voluntarismo pesimista de Schopenhauer, son necesarias algunas breves consideraciones estéticas. En el mundo que primero es voluntad y después representación, la voluntad es intuitiva, contemplativa y libre de las estorbosas relaciones y categorías. En el hombre, esa voluntad excelente, irracional y superior, se personaliza en el genio; más tarde se hablaría del superhombre, que tiene la misión "de conocer las ideas con independencia de la razón suficiente, y su naturaleza estriba en permanecer constantemente siendo puro sujeto de conocimiento, sin participar en nada de las miserias ni de las debilidades de la individualidad. De esta suerte se aísla en una especie de esfera superior, en la que sólo aparece la vida para ser contemplada y embellecida, y se asemeja a esos dioses quietistas de Lucrecio, cuya felicidad consiste principalmente en la ausencia del mal, y que viven en un mundo intermedio, sordos a los ruidos del mundo inferior e indiferentes a las evoluciones del Cosmos".

Para Schopenhauer, el genio voluntarioso se expresa en el arte; el hombre inteligente, que pertenece al común de los mortales, se afana en la ciencia. Además —dice el filósofo—, sabido que la ciencia siempre obedece a un designio interesado y se conforma en sus especulaciones con las exigencias de un plan, el arte hace profesión de ser inútil como la filosofía misma. El genio desprecia la práctica temiendo rebajarse a los cálculos reflexivos; y, en su candidez, desconoce en el mundo todo lo que es extraño a la belleza. Así que, a pesar de su poder y superioridad, prefiere el papel de rey sin corona, condenándose a una soledad sublime; y aun en el mismo momento en que se siente juguete de los Antonio, no quiere abdicar la locura caballeresca de Tasso.

La voluntad de Schopenhauer se vale de las alas de la intuición para volar al objeto de la contemplación. "La idea, como objeto de la contemplación pura, es como la mensajera entre los dos mundos", y considerada bajo este aspecto recuerda la idea hegeliana, tan despreciada por Schopenhauer, como igualmente aquella intuición estética de Schelling, que tiene la virtud de reconciliar lo finito con lo infinito en una misteriosa alianza próxima al éxtasis; y aun todavía, el juicio estético y teleológico de Kant cuya misión en el conjunto del sistema parece ser la de servir de lazo entre la razón teórica, dominio de la Naturaleza, y la razón práctica, dominio de la libertad. En todo caso, es, a lo menos, la verdadera imagen del arte, el cual juguetea en la superficie de la inteligencia y del mundo, y reproduce los distintos aspectos del Universo, libre, independiente, feliz con sus privilegios, eligiendo a capricho entre toda la realidad, y sin estar sometido él mismo a las leyes comunes de la existencia. La idea, en efecto, y el arte que la sirve de objeto, son libres: escapan al egoísmo de la voluntad del propio modo que a los límites de la inteligencia.

Sigue diciendo Schopenhauer: "En la contemplación estética, el objeto particular se convierte de un golpe en la idea de su especie, y el individuo que le contempla es un puro sujeto de conocimiento. El espíritu participa entonces de los caracteres de lo absoluto y de la eternidad; sustituye poco a poco a la voluntad, cuyos defectos corrige con sus virtudes intelectuales, y adquiere tan poderosa influencia, que tiende a la absorción del Universo en una intuición desinteresada. El contemplador atrae hacia sí toda la Naturaleza, concluyendo por sentirla como un accidente de su propia substancia. En este sentido es como ha dicho Byron:

Rocas, ondas, estrellas,
¿no son parte de mí, y yo de ellas?

Y experimentan este sentimiento, ¿podríase, en presencia de una Naturaleza indestructible, considerarse uno a sí mismo como totalmente perecedero?". Schopenhauer estima que esa es una orgullosa absorción, en desacuerdo con el pensamiento de los Vedas. Y que más se acercan a él Goethe, Lamartine y Shelley, quienes lejos de referir la Naturaleza a ellos mismos, prefieren perderse y dispersarse en el Universo divino; y lejos de encontrar entre ellos y la Naturaleza esa armonía que la filosofía expresa, se complacen, por el contrario, en medio de su desesperación y melancolía, en ser tan perecederos y tan débiles en presencia de una creación inmutable e impasible.

Mas sus lamentaciones acusan una tendencia egoísta y, en el pensamiento de Schopenhauer, la poesía y el arte deben ser impersonales y objetivos: el conocimiento de la idea (no olvidar que se trata de lo Absoluto vedantino) debe inspirar a los iniciados ese carácter de serenidad olímpica, que Alemania echó en cara a su más grande artista (se refiere a Goethe); y la voluntad ya emancipada no debe dar a entender que se acuerda demasiado de su esclavitud, usando de sus primeros momentos de libertad para lamentarse de las miserias pasadas. La contemplación de la idea ha de ser reposada: es como una fruición anticipada del eterno descanso que recomienda la sabiduría india, y en ella se borra el individuo y desaparece la personalidad, quedando solamente el genio, que es como el primer Mesías que ha de librarnos del mundo, y como el primer apóstol de la abnegación.

Ahora puede comprenderse en qué términos se resume la estética de Schopenhauer. La belleza es la idea misma, y tiene sus grados según es un grado más alto de la objetivación de la voluntad. El hombre, en consecuencia, es el más bello de los seres, y en cuanto al conocimiento de la belleza y de la idea, es dado en la inteligencia por una intuición pura. Resulta de aquí que el arte puede ser considerado como una interpretación de la vida, puesto que él es, en efecto, bastante desinteresado para juzgar del Universo, y porque, al mismo tiempo, el privilegio de la intuición estética le confiere poder bastante para descifrar el enigma. Schopenhauer distingue dos fuentes de placer estético, según que considera, o la idea aprehendida o el goce reposado que de su posesión resulta para el sujeto. Estas dos especies de placer, de carácter distinto, no son excitadas por el mismo género de belleza, sino que se suceden una a otra según una ley determinada, que es el grado de objetivación de la voluntad. Por ejemplo, "en la belleza de la Naturaleza inorgánica y de los vegetales o en las obras de arquitectura, el placer del sujeto puro debe ofuscarle, porque las ideas en este caso son los grados más humildes de la objetividad; mas cuando lo que considera el arte son los animales y los hombres, el placer debe hallarse en la contemplación objetiva de las ideas, en las cuales se manifiesta la voluntad por su más significativa expresión".

No hay en realidad más que un solo arte, el de la intuición pura; ni más que una sola clase de artistas, los contemplativos. No hay tampoco más que un solo método para traducir a la Naturaleza en representación estética; mas como ésta manifiesta en muy distintos grados la objetivación de la voluntad, tómase pie de aquí para la clasificación de las bellas artes, que más bien debería ser llamada clasificación de las ideas. Como la materia no es idea, "cada una de las cualidades de ella es siempre la apariencia de una idea, y, como tal, es susceptible de consideración estética". Mas en estas cualidades es, precisamente, en las que descansa la arquitectura; y, por consecuencia, este arte manifiesta los grados más bajos de la objetivación de la voluntad.

La arquitectura es una lucha entre la gravedad y la fijeza, que se reconcilian por la mediación de las columnas, pilares y capiteles; y este arte, además, "no obra solamente en el orden matemático sino en el dinámico, significándonos con su voz tanto la forma pura de la simetría como las fuerzas fundamentales de la Naturaleza, las primeras ideas, y los grados más inferiores de la objetivación de la voluntad".

También interviene la luz para acusar la delicadeza de los detalles, y aparece igualmente como el símbolo del placer que proporciona la contemplación pura. Sin embargo, el arquitecto no es enteramente libre en su arte, por estar obligado a reunir en sus obras la utilidad y la belleza; unión de que podría salir perjudicada la estética, si el artista no hallara su disculpa en la necesidad que se le impone.

Schopenhauer, metódico, estudia después el arte de los jardines y los paisajes, donde se hacen más elevados los grados de objetivación de la voluntad, y el elemento objetivo del placer estético se sobrepone poco a poco, como consecuencia, al elemento subjetivo: comienza a manifestarse la idea de especie y la característica de los géneros, y no queda por realizar más que un último progreso que se cumple en el hombre.

La belleza humana es una expresión objetiva, que muestra la objetivación más perfecta de la voluntad en el más alto grado de conocimiento y bajo la forma absoluta intuitiva. La idea, al propio tiempo, no representa solamente el género y la especie sino también el individuo mismo; "siendo muy de advertir que en los grados intermedios de la objetividad, la característica se confunde enteramente con lo bello. Así en el león, el lobo, el caballo, etc., lo que tienen de más característico es al mismo tiempo lo más bello, siendo la razón el que los animales no tienen más que el carácter de especies, sin carácter individual. En el hombre, al contrario: el carácter de especie se separa del individual, tomando aquel el nombre de belleza y este el de carácter o expresión". En el mundo humano no hay otra cosa que individuos; la persona se sirve de tipo a sí misma, teniendo todo el valor de una idea.

En la escultura lo principal es todavía la belleza, es decir, la objetivación de la voluntad en el espacio; y la gracia, esto es, la objetivación de la voluntad en el tiempo. Este arte tiene sus límites, como lo prueba la discusión de Lessing sobre el Laocoonte, y conviene con especialidad a los pueblos jóvenes, tales como el griego, cercano todavía a la naturaleza y extraño a los refinamientos que se dejan sentir en las civilizaciones corrompidas.

En la pintura, al contrario, lo principal es el carácter y la expresión. Si la escultura es un arte clásico, la pintura es un arte romántico. La pintura es la unión de la belleza y el carácter; debe ser a la vez ideal y característica, y ha de huir por igual de las particularidades individuales y empíricas de la historia y de las generalidades simbólicas de la alegoría. La pintura es la traducción de la idea humana, debiendo mezclarse en ella por iguales partes lo ideal y lo individual, y alcanza su perfección cuando se propone interpretar la vida. Por eso lamenta Schopenhauer que los pintores del

Renacimiento hayan tomado sus asuntos del estrecho círculo del Antiguo y del Nuevo Testamento, pero hace una excepción en favor de ciertos cuadros de Rafael y de Correggio "en los cuales se ve alcanzada la expresión de aquel conocimiento que, lejos de aplicarse a las cosas particulares, abraza las ideas y la naturaleza esencial del mundo y de la vida, y conduce a la resignación que es el espíritu íntimo de la sabiduría cristiana". Cuando la pintura llega a expresar estos afectos y sentimientos queda agotado su poder; ya no restan más que la poesía y la música.

Ha llegado Schopenhauer a la poesía. En la poesía, lo que se trata de expresar es todavía la idea objetiva; mas el lenguaje en ella es abstracto, siéndole necesario aproximarse a la intuición por las imágenes y metáforas, ayudarse del ritmo, y de la rima en ocasiones. Su principal objeto es el hombre, cuya psicología ideal construye la poesía con mejores títulos que los que pudieran alegar la biografía y la historia. "La poesía objetiva la idea del hombre, a la cual corresponde representarse en los caracteres más pronunciadamente individuales". Sus diferentes géneros se clasifican por el mayor progreso de la transición de la subjetividad a la objetividad, a saber: la canción, el romance, el idilio, la novela, el poema épico y el drama. "El extremo opuesto de la arquitectura en las bellas artes es el drama, que lleva al conocimiento de las ideas más significativas, y en cuyo placer estético domina, por consecuencia, el aspecto objetivo".

En la poesía dramática cada individuo es una idea por el carácter y expresión, y esta idea se manifiesta por la elección de situaciones; pero la cima de la poesía misma es la tragedia, intérprete fiel del dolor humano. Es de notar, en efecto, que el objeto de la más alta poesía sea la representación del aspecto humano más horroroso de la vida, y que sea en ella donde se nos muestran los gemidos de la humanidad y sus dolores sin nombre: el triunfo de la perversidad, la dominación sarcástica del acaso, y la ruina de los inocentes. Pregunta Schopenhauer: ¿no es esto una presunción muy significativa sobre la naturaleza del mundo y de la existencia humana? Es que la lucha de la voluntad consigo misma se presenta aquí, como en su más alto grado de objetivación, bajo su aspecto más pavoroso.

Descúbrese por los sufrimientos de la humanidad, los cuales provienen, en parte, de la fatalidad y del error; pero, en parte también, proceden de la humanidad misma, de las voluntades encontradas de los individuos, de la malicia y perversidad del mayor número. Siempre es una y la misma voluntad la que obra, pero combatiéndose entre sí sus manifestaciones diversas. En tal individuo es violenta; en tal otro, débil; déjase guiar más o menos por la luz del conocimiento hasta que, acrecido al fin éste en un hombre por el sufrimiento mismo, alcanza el punto en que no se deja seducir por el papel de la Maya (ilusión); la forma de la apariencia y el principio de individuación son penetrados por aquel conocimiento; muere el egoísmo, que descansa sobre este principio de individuación, y pierden su poder los motivos en otro tiempo tan fuertes, quedando solamente el quietismo de la voluntad, la resignación y la renuncia, no ya solamente de la vida, sino de todo instinto de ser. Así vemos constantemente en todas las tragedias que el héroe de ellas, tras de largos combates y sufrimientos, concluye por renunciar para siempre al objeto que perseguía con tanto ardor y a los goces todos de la vida. Así acontece con el Príncipe Constante, de Calderón, y con la Margarita en el Fausto, de Goethe; así con Hamlet, a quien su Horacio hubiera deseado seguir, pero a quien el príncipe danés le exige continuar viviendo en este trabajoso mundo, para esclarecer el destino y purificar la memoria de aquel. Todos mueren purificados por sus sufrimientos y anonadado en ellos el deseo de vivir.

Sostiene Schopenhauer que la famosa doctrina de la moral poética descansa en una ignorancia absoluta de la tragedia del mundo. Revélase con toda su simpleza en las críticas que han hecho algunos a las tragedias de Shakespeare. Se lamentan los críticos de la indiferencia del poeta, y exclaman: ¡qué han hecho las Ofelia, las Cordelia y las Desdémona! Sólo una filosofía vulgar, optimista, protestante, racionalista o judía, puede satisfacer a esta doctrina de la moral poética. El verdadero sentido de la tragedia es el pensamiento profundo de que el héroe trágico no expía sus faltas propias, sino culpas heredadas, es decir, el crimen mismo de existir, como dice Calderón:

Pues el delito mayor
del hombre es haber nacido.

La poesía es, de esta suerte, la verdadera interpretación de la vida; es como una moral estética, preludio de la moral propiamente dicha; es como la expresión de este pesimismo en que se inspiran la ciencia del Universo y de la Humanidad, y pudiera decirse que descubre el secreto del enigma, si no hubiera de reservarse este privilegio a la música.

Schopenhauer finaliza su estudio estético, que desde su punto de vista tiene sin igual hermosura, diciendo que la música es muy distinta de todas las demás artes. Mientras las demás objetivan la voluntad por intermedio de las ideas, la música está sobre las ideas mismas, y es independiente del mundo de las apariencias, que ella desconoce. La música es una objetivación inmediata, una imagen de la voluntad absoluta, como lo es el mundo mismo y como lo son las ideas, cuya múltiple apariencia constituye el universo fenomenal: no es, en manera alguna, como las demás artes, una imagen de las ideas, sino que es la imagen de la voluntad misma, de la cual son también objetivación las ideas. De esto produce el que el efecto de la música sea más poderoso y más penetrante que el de las demás artes, pues mientras éstas sólo nos hablan de sombras, ella, por el contrario, habla del ser.

Sin embargo, "como es la misma voluntad la que se objetiva, aunque de diferente modo, en las ideas y en la música, resulta de ello que habrá de existir, si no una semejanza completa, a lo menos cierta analogía y paralelismo entre la música y las ideas, cuya manifestación constituye el mundo visible. Tal es la consecuencia inevitable; y los progresos de la música corresponderán, por lo tanto, rigurosamente al progreso de la objetivación y de la idea en la Naturaleza. El bajo fundamental es, en la armonía, lo que la naturaleza inorgánica en el Universo: la base sobre que todo descansa y de donde todo proviene para acrecentarse después". Esta analogía es lo que ha tenido en cuenta Mozart en el último acto del Don Juan, al traducir por el bajo los sentimientos de la Estatua de piedra. De una manera análoga, los intervalos de los sonidos pueden ser comparados con las especies, y la transición de la armonía a la melodía es comparable, igualmente, con el progreso que se cumple en el Universo desde la naturaleza inorgánica hasta el hombre.

Además, si la música es la imagen inmediata de la voluntad, es, en tal caso, una filosofía, y se le puede definir diciendo: Música est exercitium metaphysices ocultum nescientis se philosophari animi. Schopenhauer parece renovar aquí con la fuerza de su original pensamiento ciertas teorías de los antiguos pitagóricos; pero esta restauración sabia pierde su carácter arcaico si se tiene presente que, en nuestro tiempo mismo, la música, llamada por ciertos críticos el arte distintivo del siglo XIX, ha inspirado más de un sistema, cuya metafísica parece como que recuerda a Sebastián Bach y Beethoven.

La universalidad misma de los sentimientos que la música expresa, sostiene Schopenhauer, la acerca, en cierto modo, a lo Absoluto. "Mientras que las nociones abstractas son los universalia post rem, y las realidades los universalia in re, la música traduce los universalia ante rem". Por lo tanto, no debe degenerar de su carácter; y su primera ley, que ha sido observada por Rossini, es la de no sujetarse servilmente al libreto de la ópera: debe mantenerse libre, porque ella es el arte más independiente y espontáneo, y el que representa mejor el quietismo estético de la objetividad y de la contemplación.

"No quiero —dice Schopenhauer para concluir— alargar más estas reflexiones. Considérese que si el Universo visible no es más que la objetivación y el espejo de la voluntad, con el fin de que adquiera ésta la conciencia de sí misma y pueda esperar su liberación; y si, al mismo tiempo, el mundo como representación, independientemente de la voluntad, es el lado más favorable y el único inocente de la vida, desde este momento podemos considerar el arte como el más alto progreso y como el mayor desenvolvimiento alcanzado, puesto que es, en la esencia, la misma cosa que el mundo visible, pero acabada y concentrada, y que, por la misma razón, puede ser llamado, en el verdadero sentido de la palabra, 'la flor de la vida'. Si el mundo como representación no es más que la objetivación de la voluntad, el arte es la explicación de esa objetivación, la cámara oscura que con más pureza nos representa los objetos, permitiendo abarcarlos y dominarlos mejor: es el espectáculo en el espectáculo, la escena en la escena de Hamlet.

Pero el placer de la belleza, el consuelo que nos proporciona el arte, el entusiasmo que hace olvidar al artista las penas de la vida, descansan sobre la consideración de que la voluntad y la existencia son ambas un sufrimiento tan lamentable como doloroso, mientras que el mundo como representación, concentrado en el arte, ofrece un espectáculo interesante. Este aspecto del conocimiento puro y de la contemplación artística son los elementos del artista: constituyen su fin, y no hay otro". Schopenhauer concluye su estética advirtiendo que el arte no ofrece, sin embargo, el quietismo de la voluntad; que el artista se libera de la vida por breves instantes; y que, por lo mismo, el arte no es un camino para salir de ella sino un consuelo para sobrellevarla, hasta que, fatigado por este yugo, vuelve sobre cosas más serias. Así, la Santa Cecilia de Rafael es como el símbolo de transición del arte a la moral.

Larga ha sido esta parte expositiva, pero como en el caso me he propuesto trazar las principales líneas personales de un poeta que siguió de cerca a Schopenhauer, convenía exponer con alguna extensión los principios relacionados con el arte del autor de El Mundo como Voluntad y Representación. Eso, ni más ni menos, es lo que he hecho, y agrego que me place porque José Antonio Domínguez, schopenhaueriano en el Himno a la Materia, se vuelve medida de interpretación de otros artistas de la América Latina, que tal vez sin la cultura filosófica del poeta hondureño o tal vez sin tener ninguna, siguieron el sendero del idealismo subjetivo y, como cosa particular, estimaron que el mundo era más voluntad que representación, y así lo tradujeron en su arte. Aparte de las aplicaciones más generales, por haber logrado Domínguez un poema épico —que eso es el Himno a la Materia—, es claro que se le puede situar en los grados de transición más elevados de la subjetividad a la objetividad.

Con todo, siempre es bueno considerar que Schopenhauer no fue seguido en su estética tan al pie de la letra por Domínguez, porque los poetas siempre toman de modelo al hermano mayor de más influencia en un siglo dado o de más semejanza temperamental. Esto es así, porque los filósofos geniales se hacen seguir en sus doctrinas, pero los poetas resonantes, asistidos de eso que suele llamarse el don del vaticinio, con frecuencia imponen su sensibilidad artística en una época dada.

En el caso, fue Lord Byron el modelo de Domínguez. Byron se hacía de prosélitos en todas las zonas temperamentales. Y dando la casualidad que el estruendoso autor de Childe Harold fuera el poeta de las predilecciones de Schopenhauer, también lo fuera de las simpatías de Domínguez. Quizás esto se explique al observar que hay en Byron algo así como un vaticinio del voluntarismo de la edad moderna y una marcada exaltación patológica de la personalidad. Los idealistas subjetivos podían ver en el "mal del siglo" la desesperación del alma encarcelada en la vida, que se manifestaba en una locura lírica sin precedentes, y también podían ver en el "paisaje histórico", donde el personaje no es Ulises sino la Hélade, no es de ninguna manera Harold sino la Europa post-napoleónica, una tragedia colectiva en la que se magnificaba el pesimismo, millonario en sarcasmos.

VI

¿Qué es lo que se opone en arte al idealismo subjetivo de Kant, al voluntarismo pesimista de Schopenhauer, a la filosofía fascista de Heidegger y a la "náusea" existencial de Sartre? El arte realista. La percepción estética y el reflejo artístico del mundo, de la vida social, que constituye uno de los aspectos de la multiforme vida espiritual de la sociedad, de la conciencia social. Al tomar conciencia del mundo que le rodea, el hombre social descubre en él estas o las otras propiedades mecánicas, físicas, químicas, biológicas o sociales, ciertas cualidades y ciertos nexos entre ellas, ciertos fenómenos, y las leyes que rigen su desarrollo. Pero, además de estas propiedades y cualidades, de estos nexos y fenómenos, el hombre ve, descubre en el mundo exterior circundante, en la vida social, en la fisonomía espiritual de las gentes, algo distinto, lo que se llama lo hermoso y lo monstruoso, lo bello y lo feo, lo admirable y lo vil, esas cualidades que suscitan en nosotros lo que se califica de deleite estético o, por el contrario, la repulsión estética. Y estas cualidades de lo bello o de lo feo son inherentes de un modo objetivo, real, al mundo circundante, a la fisonomía espiritual, moral, del hombre.

Los representantes de la estética idealista entienden que el arte sólo tiene que ocuparse de lo bello. Es ésta una concepción de los marcos del arte cuyo sentido consiste en hacer que el arte se abstenga de criticar los aspectos negativos de la sociedad. Pero el arte realista tiene por misión representar —y ha representado siempre— no sólo lo bello, sino también lo feo; no sólo lo grande y lo admirable, sino también lo vil; no sólo lo positivo, sino también lo negativo, desenmascarando lo despreciable, lo vulgar y lo caduco y provocando en el pueblo el odio hacia ello. (Yo sugiero que los mismos griegos tuvieron noción de esto en la imagen bella y terrible de Laocoonte). Shylock y Lady Macbeth, Yago y Tartufo, Molchalin y Famusov, toda esa multiforme galería de tipos creados por la literatura y el arte clásicos universales, ponen al desnudo los rasgos humanos negativos, los fenómenos reprobables, y las condiciones sociales que los engendran. Al poner de manifiesto los vicios y las lacras de la sociedad, al plasmar sus prototipos de lo negativo, el arte clásico defiende lo bello, lo digno de ser admirado. Los prototipos positivos del arte han servido de modelos de conducta para los hombres avanzados. Pero en la literatura del pasado, y especialmente en la literatura del realismo crítico, ocupa mayor lugar el reflejo de los aspectos negativos de la vida, la representación de los tipos reprobables.

La historia de la sociedad demuestra que las ideas estéticas, las concepciones y los gustos artísticos de las gentes cambian y se desarrollan en relación con los cambios y el desarrollo de las condiciones de la vida material de la sociedad y, sobre todo, en relación con el desarrollo económico de ésta. Sin embargo, y a pesar de que las concepciones artísticas de las gentes cambien de unas a otras épocas, con arreglo a los cambios operados en el régimen económico de la sociedad, no cabe duda de que el gran arte realista encierra siempre valores estéticos permanentes, que suscitan el deleite artístico de las gentes de diferentes épocas. La poesía de Shakespeare y de Goethe, la música de Glinka, de Chaikovski, de Beethoven y de Liszt, la pintura de Surikov, de Repin, de Rafael y del Tiziano, la escultura de Fidias y de Praxiteles han provocado y siguen provocando el deleite estético de muchas generaciones, a lo largo de los siglos. La belleza de estas obras de arte no se marchita, no languidece. ¿A qué se debe esto?

El reflejo artístico de la realidad, lo mismo que la conciencia científica de ella, encierra una verdad objetiva, un fondo vital de verdad, que no muere. Cuanto más profunda y más bella es la reproducción de la vida en la obra de arte, mayor es la significación social que ésta encierra, mayor es su fuerza de percepción y el deleite artístico que en nosotros suscita, más intenso el entusiasmo que despierta, más vigorosa y profunda la acción educativa, ideológico-artística, que esa obra de arte ejerce. Las creaciones artísticas que saben reflejar profundamente los hechos y las costumbres de una determinada época, y los reflejan, además, bajo una forma artísticamente bella, no llegan a perder su significado aunque cambien los tiempos, porque en la vida social, en la lucha de las fuerzas sociales progresivas contra las fuerzas sociales reaccionarias, contra el mal social, en cualquier época, hay siempre, junto a lo específico, a lo irrepetible y a lo peculiar, muchos rasgos comunes a todas las épocas.

El encanto estético imperecedero del gran arte clásico reside en su carácter popular. El carácter popular del arte estriba en que sabe expresar las ideas, las aspiraciones, los sentimientos, las esperanzas y los anhelos del pueblo en contra de la opresión social. El gran arte se halla enraizado en la creación artística popular y extrae de la entraña de ésta sus modelos, su inspiración, los motivos musicales de las canciones del pueblo y otros valores artísticos. Las obras del arte clásico, cualquiera que sea la clase social cuya concepción del mundo expresen, contienen siempre algo de interés humano general, que les permite tocar el corazón e inflamar el entusiasmo de las épocas, de diversas épocas y distintas clases. Todo esto indica por qué el gran arte del pasado sigue conservando su sentido progresivo y suscita el deleite estético en las siguientes épocas, ayudando a los hombres a luchar contra los exponentes de los males sociales, en nuestro propio tiempo.

La sucesión de períodos que en su auge se manifiestan, su florecimiento y su decadencia, no son, ni mucho menos, algo fortuito, sino que representan una trayectoria sujeta a leyes, que tiene como base todo el complejo y multiforme proceso de desarrollo de la sociedad. Además, algunos de los períodos de florecimiento del arte no coinciden con las etapas de alto nivel de desarrollo de las bases materiales de la sociedad. Un pensador y escritor de genio, a título de ejemplo, cita el arte de la antigua Grecia y las creaciones de

Shakespeare de esta manera: "Por lo que se refiere a ciertas formas del arte, por ejemplo de la epopeya, se reconoce incluso que jamás habrían podido llegar a crearse bajo su forma clásica, la que hace época en la historia universal, después de iniciada la producción artística en cuanto tal; es decir, que, dentro de la misma esfera del arte, ciertas creaciones importantes de éste sólo pueden llegar a darse en una fase todavía incipiente del desarrollo artístico". Lo cual pone de manifiesto cómo la epopeya de los antiguos griegos, que surgió en una fase relativamente primitiva del desarrollo social, como fruto de la mitología popular, no podría haberse desarrollado a base de las relaciones capitalistas de producción y de la concepción del mundo a que éstas sirven de fundamento. En la época del ferrocarril, del telégrafo, del teléfono y de la radio, en la época de los bancos y de las bolsas, no hay ya sitio para figuras como las de Júpiter, Hermes y otros prototipos creados por la mitología griega, ni para el arte griego que brotó al calor de estos mitos.

Esto explica que las grandes creaciones del arte producidas en la época del capital no se deben a los progresos de la clase correspondiente ni a los éxitos de la técnica y de la industria, como sostienen los sociólogos vulgares, sino a causas más complejas. Las más grandes realizaciones del arte coinciden con los períodos de auge social, con los períodos de lucha de las fuerzas sociales avanzadas, de las masas populares, con los períodos de efervescencia en la lucha contra la opresión social. Las pinturas de Rafael y el Tiziano, de Leonardo da Vinci y Miguel Ángel, las grandes creaciones de Shakespeare y Rabelais, de Cervantes y Goethe, de Pushkin y Tolstoi, fueron expresiones de protesta y de lucha contra el régimen de la servidumbre, y también contra el poder de los viejos y nuevos grupos rapaces en el orden económico.

Faltan a la verdad los teóricos del arte y los sociólogos idealistas cuando afirman que el arte vive en un mundo aparte, al margen de la sociedad y de la política. Semejante arte no existe ni ha existido nunca. El arte ha sido siempre y sigue siendo un fenómeno social, que plantea y resuelve determinados problemas sociales. Así es que es falsa la postulación de la "libertad del Arte". "Es imposible vivir en la sociedad y hallarse libre de ella. La libertad del escritor, del artista o del actor no es otra cosa que la supeditación disfrazada (o hipócritamente encubierta) al grupo que detenta el poder económico, a la corrupción, a los medios de sustento". Y hasta las tendencias formalistas, tales como el llamado "arte puro", las prédicas del "arte por el arte", cumplen en el caso de que se trata una determinada función de clase, la función de apartar a las masas de la lucha política, en interés de los grupos dominantes del capital. Esta función es precisamente la que los interesados imponen al arte de su exclusividad en nuestros días, al encaminarlo por los caminos del formalismo o del naturalismo.

En nuestros días, en que se hace manifiesta la putrefacción de determinado sistema, es evidente la decadencia y la descomposición del arte que corresponde a éste. En efecto, se ha vuelto vocero de la reacción, se propone matar en el pueblo la voluntad de lucha por algo nuevo en la sociedad. La propaganda de las ideas reaccionarias, antidemocráticas y anticientíficas y de toda superstición, el desprecio al hombre y a la vida, el empeño por presentar la existencia como obra del azar y por azuzar los instintos zoológicos del hombre, la predicación de la guerra, del cosmopolitismo y del individualismo: he ahí el contenido del arte burgués contemporáneo, un arte degenerado y en descomposición.

En cambio, el arte clásico y el arte avanzado de nuestro tiempo transmiten el saber de la verdad vital y educan a los lectores, a los espectadores o al auditorio en el espíritu del humanismo, del patriotismo y de los altos principios morales. Por su parte, el arte contrario es la mentira, la degradación moral, el egoísmo y el individualismo más exacerbado. El arte clásico y el arte moderno avanzado abrazan la defensa de la razón, de las luces, de la ciencia. El arte que se le opone, en cambio, predica el irracionalismo, el "subconsciente", lo instintivo, lo patológico, lo paranoico y lo esquizofrénico. El llamado surrealismo considera que el mérito de una obra artística es tanto mayor cuanto más absurda y disparatada sea. Así es que corresponde al poeta, al artista, seguir la línea de su convicción, pero que también sepa que sobre su obra se alza el juicio inevitable de la historia, que ha de glorificarla o arrojarla al canasto de las cosas inútiles o perjudiciales.

Tal es, a grandes rasgos, el arte realista que concuerda con el materialismo filosófico contemporáneo.

VII

Deber imperioso es colocar a José Antonio Domínguez en el Espacio y el tiempo en que escribió el "Himno a la Materia". Logró el poema del presente ensayo en 1901. Así es que no se le debe criticar por la falta de aquellas ideas que no estuvo en posibilidad de conocer. Ya dijimos de dónde venía y hasta dónde llegó en filosofía. Domínguez nació en la ciudad de Juticalpa, departamento de Olancho, República de Honduras, Centroamérica, allá por la década sesenta del siglo pasado. Su padre y su madre fueron de humilde condición. Protegido por unas tías, hizo las letras primarias. Ayudado por el gobierno de Marco Aurelio Soto, fue a la Escuela Normal. Obtenido el título de maestro, pasó a la Universidad Nacional. En estudios libres, alcanzó en tres años la graduación de abogado. Como la reforma estaba pendiente de las conquistas políticas que le correspondían, cooperó en la revolución de 1894. Triunfante la revolución, fue delegado de Honduras a la Asamblea de la República Mayor que se reunió en Managua en 1898. Fracasado aquel movimiento unionista, regresó a Honduras, y estimando que perdía el tiempo en las menudencias de la política vernácula, se trasladó a su ciudad natal, donde se dedicó con ahínco a escribir versos. Por cierto que dejó tres libros que siguen inéditos. Pero para su gloria, basta con el "Himno a la Materia".

Domínguez es, en verdad, el poeta más alto del período de la reforma social iniciada por el gobierno de Marco Aurelio Soto. No hay otro que se le pueda igualar por su profundidad filosófica y por su vuelo lírico. Ni hay otro que, habiendo pasado tantas décadas, pueda volver como él a la vigencia literaria, siempre que se le disimulen el criticismo kantiano y el pesimismo de Schopenhauer. Ciertamente, Domínguez podría volver al entusiasmo y al canto con un nuevo "Himno a la Materia", ajustado a los principios del materialismo filosófico y a los cánones del arte moderno avanzado. Prueba de lo que aquí se dice se encuentra en el atisbo, en el anticipo, en la radiante claridad artística y social de "La Musa Heroica", ya concebida muy cerca de Vladimir Maiakovsky, Louis Aragón y Pablo Neruda.

FLORES DE UN DÍA

1885-1892

FLORES DE UN DÍA

Flores que en el alma mía
al beso de una emoción
brotasteis sin lozanía;
flores, sin olor, de un día,
flores de mi corazón.

¡Quién en mi sepulcro frío
pudiese haceros brotar
llenas de perfume y brío!

¡Quién os pudiese, Dios mío,
en siemprevivas tornar!

SUEÑO

Tuve un sueño una vez tan peregrino
que nunca, nunca olvidaré en la vida.
En célica mansión yo me encontraba,
(¡qué sueño tan divino!),
y con el alma de ventura henchido
mi labio sobre el tuyo se posaba.
Caricia por caricia devolvías
y de poseerte hallábame orgulloso.
¡De ternura y placer te estremecías
en éxtasis dichoso!

Yo te estrechaba en mis amantes brazos
y me mirabas tú tan dulcemente,
que pródigo en cariños y en abrazos
te estrechaba otra vez más tiernamente.
En dulce vaguedad te sonreías...
No sé qué me decías,
mas siempre el corazón adivinaba
tus frases celestiales.
De tanto gozo el pecho palpitaba
cuando la suerte quiso que del día
los rayos matinales,
entrando por el techo,
más el bullicio que la gente hacía,
me despertaran de tan dulce sueño.

Calculé entonces la distancia inmensa
que a lo real había,
y triste en mi desgracia, suspirando,
de mi recuerdo en la ansiedad intensa,
¡cuál deseaba vivir siempre soñando!

DESPEDIDA DEL PROSCRITO

¡Voy a decirte adiós, amada mía,
voy a cantarte la postrera vez;
cual cisne delirante en su agonía,
voy a reunir en mi canción sombría
todo el dolor de mi existencia cruel!

Pobre proscrito, a playas extranjeras
iré mañana a sucumbir... ¡Dios mío!
A recorrer sin rumbo otras praderas,
a llorar de la mar en las riberas,
triste juguete del destino impío.

Ya nunca, nunca de tus labios rojos
veré el carmín ni escucharé tu voz;
ya nunca más me miraré en tus ojos,
ni de mi ser los míseros despojos
animarás con tu ferviente amor.

Solo, en tinieblas y profundo duelo,
sin ilusiones viviré sin ti;
y entre las brumas de extranjero suelo,
tu imagen sola, serafín del cielo,
me alentará para poder vivir.

¡Adiós, adiós! A mis pupilas brota
acerbo llanto de dolor atroz;
mi lira de gemir está ya rota,
y horrible tempestad a mi alma azota...
¡Adiós, mi vida, para siempre adiós!

EN LA MUERTE DE UN AMIGO

Morir cuando en el alma las bellas ilusiones
con su cortejo hermoso
presagian el placer;
morir cuando aún apenas la vida y sus salones
con ansia ardiente y gozo
se empiezan a correr.

Morir cuando se sueña, morir cuando se adora
y vése en lontananza
brillar un porvenir;
morir cuando en la mente con gracia halagadora
fulgura la esperanza,
¡qué triste es, ay, morir!

No ha mucho que lozano, dichoso compartías
las gratas expansiones
de ardiente juventud.
Pensabas inspirado en otros bellos días,
sediento de emociones,
sin penas, ni inquietud.

Sensible y entusiasta cantares ensayabas
cual ave que sus trinos
empieza a modular.
Acaso destinado a ser un bardo estabas
y rasgos peregrinos
tenías que dejar.

Mas ¡ay!... ya sólo restos de lo que fuiste quedan:
cenizas en la tumba,
vacío en el hogar,
y el llanto y los suspiros en el espacio ruedan
de todos tus amigos
y tu familia al par.

¡Cuán triste y doloroso es ver con desconsuelo
a seres que se quieren
hacia la tumba ir!
Misterio es todo, todo, que aumenta más el duelo.
¿Quién sabe los que mueren
a dónde van al fin?

La muerte, ya lo han dicho, da margen a otra vida,
la vida perdurable
de goces inmortal.
Acaso tu alma mora en paz apetecida
y goza la inefable
ventura celestial.

¡Feliz si allí te encuentras, muy lejos del bullicio,
distante de los hombres,
muy cerca del Señor!
¡Feliz si con tu muerte disfrutas ya propicio
placeres que sin nombres
respiran el amor!

Tal vez aquí en la tierra terribles sinsabores
hubieras apurado
en cambio del placer;
y acaso sólo penas, pesares y dolores
hubiérate brindado
falaz una mujer.

Tranquilo, pues, reposa en dulce calma
sin que lleguen a ti llantos ni penas,
gozando ya del cuerpo libre tu alma
de eterna bienandanza horas serenas.

No más sobre tu lápida mortuoria
exhale el corazón dolientes quejas;
tu recuerdo nos queda en la memoria:
y él llenará el vacío que nos dejas.

A LA SOCIEDAD EL PORVENIR

En la noche de su fundación el 20 de septiembre, aniversario 31 de
la muerte del Padre Reyes

¡Entusiasta entre tanta alegría
mi voz quiero también levantar!...
que aunque falto de luz y armonía
hoy no puedo impasible callar.

Más que nunca quisiera este instante
melodías, dulzura poseer,
y del Tasso, Quintana o el Dante
todo el estro divino tener:

¡Que en patriótico y dulce embeleso
y en ardiente, sublime ansiedad,
a la Patria, al Saber y al Progreso
un hosanna quisiera cantar!

Yo contemplo extasiado de gozo
de esta tierra en el suelo querido
un taller a las ciencias hermoso,
entre aplausos hoy mismo erigido.

¡Y arrobado entre tantas dulzuras
me parece ahora mismo escuchar,
de los manes, prez y honra de Honduras,
el aplauso también resonar!

¡Yo en extático y dulce vagueo,
revestidos de gloria y placer,
a Barrundia y a Valle hoy los veo,
y a Cabañas y a Reyes también!

Más que nunca se agita mi mente

de esta fiesta entre el grato rumor,
que hoy un astro de luz esplendente
a la Patria le da su fulgor.

El Progreso es ese astro fecundo
que disipa el capuz y las nieblas,
que ilumina cual faro en el mundo
y al abismo hace huir las tinieblas.

Que él nos guíe y por siempre dirija
nuestros pasos por senda dichosa,
y en nuestra alma por siempre esté fija
esa enseña divina y gloriosa.

Mientras tanto, entre dulce alegría
y entusiasta en febril ansiedad,
te saluda mi musa este día:
¡oh naciente, feliz sociedad!

EL ÁRBOL DE LIBERTAD

A Félix A. Tejeda

Al criar todo cuanto existe
Dios ha dado a las naciones,
después de sus bendiciones
un árbol de Libertad;
"Bajo su sombra —les dijo—
viviréis siempre en reposo,
entre el trabajo y el gozo,
mirándoos con igualdad.

"Viviréis en dulce calma,
cual verdaderos hermanos,
sin que los odios insanos
os hieran con su crueldad;
pero ¡ay de vosotros! —dijo—
si arrastrados de Luzbel,
hacéis la ruina con él
de ese árbol de Libertad".

Nada más dijo el Señor,
del éter en las alturas,
y las humanas criaturas
desde entonces ¡oh igualdad!,
han visto crecer lozano,
con la celestial unción,
en cada pueblo o nación
un árbol de Libertad.

Bajo su sombra bendita
han vivido y progresado
los pueblos que no han dejado
borrones de iniquidad;
los pueblos que a sus labores

consagrados han vivido,
como estandarte han tenido
el árbol de Libertad.

Sin su protección y amparo,
en tan atroz inclemencia,
se envilece la conciencia,
no existe la dignidad;
por eso todo hombre honrado
que cumple con su deber
debe en aras perecer
del árbol de Libertad.

Sin libertad no se vive,
se vegeta en un abismo,
a merced del despotismo
y a merced de la crueldad.
Y sin embargo, ¡gran Dios!,
¡cuántos pueblos desgraciados
han vivido así humillados
sin árbol de Libertad!

La ignorancia y el atraso,
la extremada corrupción,
han obrado la ocasión
para tal temeridad;
y así, pueblos infelices,
de otros pueblos presa han sido,
mirando el árbol destruido,
el árbol de Libertad.

Siempre el error, siempre el vicio,
la ambición o la falsía,
demonios de tiranía
engendran con su maldad;
y pueblos tal vez potentes,
engañados de un tirano,
ven destruir, y con su mano,
el árbol de Libertad.

Mas como cosa divina,
de este árbol que así perece,
nunca el germen desaparece,
no queda en la nulidad;
y los pueblos al fin vemos
de su sueño despertarse,
y de entre escombros alzarse
el árbol de Libertad.

Y entonces ¡cuán grande un pueblo
de la abyección se levanta
y aniquila con su planta
las hidras de la maldad!
¡Cómo lucha entusiasmado,
y cómo, tras de su empeño,
vuelve gozoso a ser dueño
del árbol de Libertad!

Crece este árbol bendecido
a impulsos del corazón,
le nutre la ilustración,
le apoya la probidad;
la miseria, el egoísmo,
son de su vida el veneno,
no vive bajo su seno
el árbol de Libertad.

A la materia invisible,
es este árbol sacrosanto
del patriotismo el encanto,
el pendón de la igualdad;
las ideas generosas
son su savia y su sustento;
en ellas tiene su asiento
el árbol de Libertad.

Por eso, doquier, amigo,
que reinar tan solo veas

añejas, tristes ideas,
alardes de vanidad;
donde sólo la inacción
a tu mirada se ofrece,
dulce amigo, allí no crece
el árbol de Libertad.

Mas donde veas también,
a pesar del despotismo,
que germina el patriotismo
y relumbra la verdad;
donde veas que haya jóvenes
de instrucción y de entusiasmo,
brotar debe entre el marasmo
el árbol de Libertad.

Porque, en resumen, amigo,
como los astros brillantes
que resplandecen radiantes
en la azul inmensidad;
así también en el mundo,
tras de las nieblas oscuras,
en irradiaciones puras
alumbra la Libertad.

GLOSA

"Yo agonizo de amor y de tristeza
ante esa azul inmensidad vacía;
como el sauce se dobla mi cabeza
lánguidamente al declinar el día."
— F. Velarde

Yo agonizo de amor y de tristeza,
la tenue luz del horizonte viendo,
en ese instante de mortal belleza
en que la luz del sol se va extinguiendo.

Inquieta, mi alma por el mundo busca
la dulce realidad del bien que ansía,
mas solo encuentra la aridez que ofusca
ante esa azul inmensidad vacía.

Como el sauce se dobla mi cabeza,
se oprime aquí en el pecho el corazón,
y herido del dolor por la rudeza,
soy cual la hoja que arrastró el turbión.

Y así las tardes en mi vida pasan,
ajenas al placer y a la alegría,
mientras la noche y mi dolor se enlazan
lánguidamente al declinar el día.

AMOR Y DESAMOR

I

¡Bella es la luz que por oriente asoma
de la mañana en el feliz momento!
Salúdala la flor con el aroma,
y la saluda el ave con su acento.

¡Muy bella es esa luz! Sus rayos de oro
al mundo llenan de belleza suma;
ellos dan vida al ser por cada poro
y el velo rasgan de la densa bruma.

¡Muy bella es esa luz! Pero es más bella
la luz divina que, con dulce llama,
en medio al corazón, como una estrella,
fulgores de pasión y amor derrama.

De aquesa luz, al inmortal destello
que en la mirada de unos ojos prende,
el alma se remonta tras lo bello
en alas del amor... y asciende, asciende.

¡Cuán bella es esa luz! La bienandanza
eterna e infinita, en un segundo,
se goza del amor en la esperanza.
¡Ay! Si no hubiera amor, ¿qué fuera el mundo?

II

¡Triste es la sombra que la noche tiende
tras de la luz que en occidente expira!
Al alma tímida en pavor suspende
mientras el ave en soledad suspira!

¡Muy triste es esa sombra! Al mundo cubre
en gran porción con su luctuoso velo;

de lobreguez y horror todo lo encubre,
ella ennegrece hasta el azul del cielo.

Muy triste es esa sombra... Pero existe
otra sombra más triste: el desencanto;
esa noche, ¡ay!, que al corazón reviste
de oscuridad, de quejas, de llanto.

Si muere la esperanza allá en el alma
y se destruye la ilusión querida,
es imposible que se encuentre calma
en las lúgubres sendas de la vida.

Del desengaño, ante la niebla oscura,
todo es tristezas y pesar profundo,
y voz siniestra en nuestro mal murmura:
"¡Si el dolor suprimís, bello es el mundo!"

EL GORRIÓN Y LA ROSA

Hubo un tiempo muy dichoso
en que todo era mejor
y en que el gorrión poseía
la más melodiosa voz.
Por las tardes, cuando en nácar
borda las nubes el sol,
y de caprichos y encantos
se viste la creación,
como una lira del cielo
que eleva acordes a Dios,
el melifluo pajarillo
entonaba su canción.

Al escucharle callaba
envidioso el ruiseñor;
enternecidas, absortas
y llenas de admiración,
las mariposas paraban
su volar de flor en flor;
las camelias y las dalias
y hasta el temprano botón,
sobre sus tallos danzaban
extasiadas a su voz;
y si acaso por fortuna
la golondrina le oyó,
de su viaje se olvidaba
para escuchar al cantor:
tal era la melodía
de su dulcísima voz.

Por fin el alado Orfeo
cayó en las redes de amor,
y de una rosita blanca,
que a los fulgores del sol
su cáliz trémulo abría,

con ansia se enamoró.

Cantaba ardiente por ella,
su voz henchida de amor,
triste a veces como un ruego,
alegre cual la ilusión;
con anhelo le decía
esta dulce exhortación:

"Flores conozco muy bellas,
tan rojas como el coral,
plateadas cual las estrellas,
o de un azul celestial;
flores que viven mirándose
de las fuentes al espejo,
o en el jardín recreándose
por su donaire y reflejo,
o que viven a la sombra
de los bosques al halago,
o recamando la alfombra
de las orillas de un lago.

Pero esa flor coquetuela
que en las linfas se retrata,
la que en misterios se vela
y en el bosque se recata,
la que en el pénsil se mece
con vanidad desmedida,
y la que en los lagos crece,
no son cual tú, flor querida.

Tú eres en todo graciosa;
no me dejes, no, sufrir;
ámame, sí, blanca rosa:
sin tu amor debo morir".

—"¿Y tus alas, dulce amigo?"
la rosa le contestó.—

"Los corazones amantes,
unidos por el amor,
no tienen alas" —repuso
con ansiedad el gorrión.

—"Ven, pues, mi blanca corola
se dilatará a tu amor"—
la rosa dijo temblando.
La noche presto llegó;
el cielo con sus estrellas
iluminó aquel amor,
y hasta por la madrugada,
con deleitable emoción,
las suaves brisas mecieron
a la rosa y al cantor.

Pero a los primeros rayos
que a la aurora trajo el sol,
desfallecía la rosa
mientras lloraba el gorrión.

—"Genios del aire" —decía—
"quitadme la dulce voz
que me habéis dado, y haced
que un día más, por favor,
viva siquiera mi amada".

—"¡Oh, no!" —la rosa exclamó
moribunda—, "canta, canta,
tú me has amado, gorrión,
y yo también te he amado.
¿Acaso feliz no soy?
¡Cuántas flores en la tierra,
sin ser amadas cual yo,
mueren, ¡ay!, sin esa dicha!

Mas ya del mundo me voy.
Nunca te olvides de mí,
acuérdate... ¡adiós, adiós!"

Tres mil años han pasado
desde que la rosa murió;
mas en estos tres mil años
nunca ha amado el gorrión;
de su pasada existencia
solo es un recuerdo hoy:
jamás ha vuelto a cantar,
un gemido es hoy su voz.

MI ANHELO

I

¡Ceñir tu talle esbelto entre mis brazos,
junto al tuyo mi seno reclinar...
unidos en dulcísimos abrazos
la vida y sus miserias olvidar!

¡Mirarnos mucho, mucho; en embeleso,
extáticos hablar de nuestro amor;
besar tus rojos labios con exceso
y ver en tus mejillas el rubor!

Beber tu puro ambiente embalsamado,
absorto de ventura y de placer;
junto al mío tu rostro aproximado
sentir a su contacto enardecer;

jugar con tus cabellos dulcemente,
la sonrisa en tus labios ver lucir,
y en tu nívea, ondulada y casta frente
la pureza mirar de un serafín.

El cielo y las estrellas presenciando
nuestra dicha sin fin con ansiedad;
las flores nuestra estancia perfumando,
las aves repitiendo su cantar.

Y en medio a tantos goces y caricias
nuestras almas volar a otra región,
soñando confundidas mil delicias,
soñando en un edén de bendición.

Y oír mi nombre suspirar tu acento
mientras yo con el tuyo me extasío;
ser tu eterno y hermoso pensamiento,

cual lo eres tú del pensamiento mío.

¡Amarnos más y más intensamente,
con un amor cual en el mundo no hay,
ansiando todavía ardientemente
el ser eternos para amarnos más!

Esa es, ¡oh cielos!, la ambición de mi alma,
mi único sueño angelical, mujer;
esa es la dulce, inmarcesible palma
que ansío aquí en la tierra merecer.

II

Mas nunca, nunca el corazón que te ama
tu alma insensible conmover podrá;
yo sé que nunca mi amorosa llama
el hielo de tu pecho inflamará.

Tus miradas son frías, desdeñosas,
más pareces estatua que mujer;
hay algo en tus sonrisas misteriosas
y algo en tu voz que me hace estremecer.

Todo tu ser respira la belleza,
las gracias y el donaire están en ti;
mas, yo no sé qué mágica fiereza
también encierras, encantada hurí.

¡Pero te adoro con pasión vehemente,
te adoro, sí, con infinito amor,
y aunque me mires siempre indiferente,
no amenguarás mi apasionado ardor!

Sin duda no comprendes mi ternura,
sin duda tú no sabes mi ansiedad,
o acaso crees que es sólo tu hermosura
lo que yo adoro en tal intensidad.

¡Ah...! Mas no, yo me engaño en tal idea,

tú bien sabes mi loco frenesí...
Si no me compadeces quizá sea
que corazón no tienes, bella hurí.
No tienes corazón... Tal vez por eso
tú permaneces impasible y fría,
y no miras que sufro con exceso
y vivo delirante en mi agonía.

EL DOLOR

"¡Menester es sufrir para ser hombre: quien no ha sufrido no conoce el mundo; lleva en su alma una página sin nombre y un vacío de amor en lo profundo!". — El Autor

I

¡Dolor, fiero dolor! Amargo acíbar
que el infortunio al desgraciado da;
hálito emponzoñado que envenenas
las horas de más dulce idealidad;

borrascoso simún que allá en el alma
las bellas ilusiones al brotar
abates sin piedad, como las flores
que arrastra tempestuoso vendaval.

Verdugo cruel de la esperanza hermosa,
aguijón implacable del pesar,
enemigo de dichas y venturas,
genio insaciable, aborto de Satán;

¿por qué, por qué, con inclemente encono
siempre has de herir el pecho del mortal,
y ha de ser siempre en desastrosa lucha
su pobre vida un juego del azar?

¿Por qué en la copa del placer que apura,
ansiando dicha y plácido solaz,
consigues siempre con perfidia y dolo
de amarga hiel tus gotas derramar?

¿Por qué no dejas que en su vida corran,
cual corren años de sufrir tenaz,
horas risueñas, límpidas, hermosas,
llenas de pura, real felicidad?

¿Por qué si al alma una esperanza anima
hay un desdén que la ha de acibarar?
Si hay una fe que al corazón sostiene,
¿por qué una duda el desconsuelo da?

¿Por qué también hasta en los dulces sueños
de ese mundo fantástico, ideal,
osas mezclarte en sus mirajes fúlgidos
y velas con tus sombras su beldad?

¿Y por qué, en fin, a la mayor ventura
el golpe cruel del desencanto das,
y te enconas y ensañas contra todo
lo bello y lo virtuoso y sin rival?

¿Es acaso que todo aquí en el mundo,
para que pueda ser, ha de luchar?
¿Estriba acaso la armonía en eso?
¿Es útil el contraste, el rudo afán?

II

¡Oh dolor! A pesar de tus tinieblas
una enseñanza al corazón le das;
buen maestro eres: ¡comprender me has hecho
esa infinita, incógnita verdad!

Si tiene todo aquí su semejante,
todo tiene asimismo su rival:
las sombras de la noche existir deben
para que dé la luz su claridad.

Existen rocas y desiertos páramos
para que un verde prado encante más;
tienen las rosas múltiples espinas
para que halaguen más por su beldad.

Y es muy bella la aurora de la vida,
exenta de inquietudes y pesar,

porque es —¡ay!— triste el angustioso ocaso
de la vejez, tan llena de ansiedad.

Tras el sombrío y riguroso invierno,
espléndida aparece y sin igual
la hermosa primavera; y tras la guerra,
como divino don, viene la paz.

Magnífico y risueño se presenta
en el cielo, tras negra tempestad,
el arco iris que presagia calma
y aplaca los furores de la mar.

Nunca es tan bella, tan celeste y pura
de un pueblo la bendita libertad,
sino es cuando se pierde inicuamente
y con honor se vuelve a conquistar.

Así, la dicha por fugaz que sea,
en importancia crece mucho más
a medida que cuesta más pesares
y es instable cual una veleidad.

Como en un cuadro en que el pintor hiciera
aparecer a orillas de la mar
en triste noche, al rayo de la luna,
la escena de la dicha más cabal,

tal aparece, entre el sufrir constante,
una hora de alegría y de gozar;
se expande entonces el corazón y sueña
que goza de sin par felicidad.

III

No eres fútil, dolor; en la existencia
tú haces ver del recuerdo, bajo el prisma,
en cada breve goce una excelencia,
en tanto que el presente nos abisma.

Si hieres la conciencia del precito,
clavándole tu dardo en cada entraña,
le haces expiar la culpa del delito
con el furor de tu indomable saña.
Y si hieres injusto al inocente,
su alma purificas y acrisolas;
le enseñas en la vida a ser prudente,
cual un piloto en las revueltas olas.

Tú eres, dolor, la espada del destino:
has hecho escarmentar a Napoleón
en Santa Elena, y parecer divino
en medio sus desgracias a Colón.

Y a Jesucristo, el ser más bondadoso,
más sabio y más humilde que ha nacido,
tras el suplicio cruel más afrentoso
la aureola de los dioses has ceñido.

Tú has formado los grandes caracteres
de los hombres ilustres de la historia,
y has hecho conquistar aun a mujeres
las palmas del martirio y de la gloria.

Eres fuente constante de heroísmo
a la vez que expiación de la criatura:
no es nunca más sagrado el patriotismo
que del destierro en medio la amargura.

¡Bendito seas, pues, que así enalteces
del hombre los más puros sentimientos!
¡Hiere en mi corazón todas las veces
que necesarios sean mis tormentos!

Yo sé que tú, dolor, el genio has sido
que ha inspirado esas magnas producciones,
conjunto a la vez bello y dolorido
de lágrimas y tiernas vibraciones.

El prodigioso espíritu del Dante,
que la Comedia divinal creara,
¿dónde hallaría inspiración bastante
si en su propio dolor no la encontrara?

Y en las liras de Byron, de Petrarca,
de Leopardi, Musset y Lamartine,
¿quién ha puesto en sus notas esa marca
del sentimiento y del dolor sin fin?

¡Oh, bien se ve que en la existencia humana
un papel sorprendente desempeñas!
¡Depuras la razón, la creencia vana,
y al corazón sublimas y le enseñas!

¡Bendito seas, pues, que así enalteces
del hombre los más puros sentimientos!
¡Hiere en mi corazón todas las veces
que necesarios sean mis tormentos!

A EDELMIRA

¡Eternas horas de amargura y duelo,
de desaliento, de infinita angustia
han detenido de mi mente el vuelo,
y está la flor de mi esperanza mustia!

¡De mi existencia en el desierto campo
la hermosa lumbre de la fe no brilla;
en vano busco en mi horizonte un lampo,
pobre bajel sin encontrar orilla!

¡Y acaso nunca en mi azarosa vida
hallar podré la apetecida calma!
Llevo en mi pecho la profunda herida
de oculto amor que me desgarra el alma.

¡Jamás, jamás de mi pasión sublime
el labio ha osado confesar su anhelo;
antes mi pecho en el silencio gime
ante ese azul, indiferente cielo!

Persigo acaso un imposible, un sueño,
mas ¿cómo ahogar de mi pasión la llama?
¿Cómo callar, si en mi afanoso empeño
inmenso amor el corazón me inflama?

¡Si esa mujer que delirante adoro
tiernos sus ojos hacia mí tornara;
si ver pudiera mi doliente lloro
y mi continuo afán, tal vez me amara!

O cuando menos compasión tuviera
del que, rendido como a Dios, la adora;
esto tan solo mi ventura hiciera,
mas ¡ay de mí! que mi pasión la ignora.

En mi delirio y mi constante anhelo
sólo hallo un frío y sepulcral mutismo,
y veo, por mi mal, con desconsuelo,
hundirse mi esperanza en un abismo.

¿Cómo confiarle mi fatal secreto?
¿Cómo decirle, balbuciente el labio,
que la ama tanto el corazón inquieto?
¿Cómo expresarme sin causarle agravio?

¡Sufrir por ella, idolatrar en vano
su imagen pura hasta encontrar la muerte;
mártir vivir en mi dolor ufano:
esa es mi triste, infortunada suerte!

¡Y aunque no tengo ni esperanza alguna,
y aunque ella ignora mi infinito ardor,
al rayo siempre de la blanca luna
sublime culto le dará mi amor!

SER FELIZ

Dadme la dicha y el placer que anhelo,
y romperé las cuerdas de mi lira;
renunciaré a la gloria sobre el suelo
y a cuanto grande el universo admira.

Todo despreciaré como desprecio
el deleznable polvo del camino;
pues sin la vana pretensión del necio,
prefiero ser feliz a otro destino.

ESTROFAS

¡Dichosos los que llevan en el alma
un mundo de doradas ilusiones!
¡Dichosos los que guardan aún la calma
de sus primeras, dulces impresiones!

¡Dichosos los que apenas han sentido
la horrible realidad de la existencia!
¡Los que el dolor tan sólo han presentido
y llevan quieta en su alma la conciencia!

Felices, sí, ¡mil veces!, pues la duda,
ese áspid venenoso, no les muerde;
no sienten el rigor de suerte cruda
ni esa angustia mortal que al hombre pierde.

Felices, sí, ¡mil veces!, pues esperan,
aman y ven encantador el mundo;
no saben qué es sufrir, no desesperan,
no sienten como yo dolor profundo...

¡Oh venturoso estado!, ¡quién eterno
pudiera hacer que fueses del mortal...!
¿Es ley de Dios acaso o del infierno
que el bien apenas dure e impere el mal?

Yo en un tiempo feliz me suponía:
era mi vida entonces limpia fuente;
rugió después la tempestad bravía
y enturbióse el cristal de mi corriente.

¡Hoy sin reposo, ignoto peregrino,
perdido en la mitad del Universo,
juguete soy de mi feroz destino,
cual leve paja que arrebata el cierzo!

Mas no mi suerte tan fatal me asombra,
ni de los otros la ventura envidio,
porque sé que la dicha es una sombra
y engendro del placer es el fastidio.

Prefiero mi dolor una y mil veces
a la ventura que, falaz, mentida,
nos brinda de placer hasta las heces
dejando envenenada nuestra vida.

¡Tristes de aquellos que, en su loco empeño,
creyendo cierta una ilusión dorada,
llegan, al fin, al límite del sueño
y palpan con horror la estéril nada!

COMPOSICIÓN

Recitada el 15 de septiembre de 1887 en
la sociedad "La Luz" y en la misma fecha
del año siguiente en la sociedad "El Porvenir"

I

Eran los tiempos nefarios
de oscurantismo profundo
en que la virgen del mundo
sufría infame dogal.
Crueles constantes calvarios
y sufrimientos prolijos
anonadaban sus hijos
con tiranía brutal.

II

El fanatismo de España
con sus absurdas creencias
extraviaba las conciencias
y anulaba la razón;
los opresores, con saña,
sicarios del retroceso,
mataban todo progreso,
mataban toda instrucción.

III

Los jefes que gobernaban,
deslumbrados por el oro,
no respetaban decoro
en su anhelo de explotar;
en vano tristes clamaban
al cielo nuestros mayores:
todo era luto y horrores
que nadie podrá pintar.

IV

Si Colón, el genio egregio
que estas tierras descubriera,
barbarie tal presintiera,
ahorrando al mundo un dolor,
quizá habría al privilegio
renunciado y a la gloria
de perdurar en la historia
a fuer de descubridor.

V

Llorosa, inerme, rendida,
ajena a todo adelanto,
América en su quebranto
daba al viento hondo gemir:
mas aunque apenas la vida
circulaba por sus venas,
pronto sus férreas cadenas
debía heroica destruir.

VI

La suerte de las naciones
siempre a sus males depara
hombres de constancia rara
que las han de libertar.
Surgen siempre en ocasiones
aun de entre humildes esclavos
pechos invictos y bravos
nacidos para lidiar.

VII

Para la América hermosa
llegó al fin la hora de afanes
y de esforzados titanes
la pléyade apareció.
¡Airada España y medrosa
viendo a su ley resistencia,
a castigar la insolencia
sus escuadrones mandó!

VIII

Cien hecatombes se vieron,
batallas inenarrables,
proezas innumerables
de valor y de lealtad.
Mas pronto se convencieron
los iberos irascibles
que los pueblos son terribles
si luchan por libertad.

IX

Bolívar y San Martín,
Páez, Hidalgo y Morelos
sus patrióticos anhelos
realidades vieron ser;
del norte al austral confín,
los pueblos antes sumidos
en la abyección, redimidos,
libertad lograron ver.

X

Y los centroamericanos,
más que los otros dichosos,
sus resplandores hermosos
conquistaron sin dolor.
Alegres estos y ufanos
de veintiuno en este día
firmaron con hidalguía
su libertad y su honor.

XI

¿Quién no se siente anegado
de placer y de entusiasmo
al mirar de entre el marasmo
fuentes de vida brotar?
¡Tu cielo puro estrellado,
patria mía, hoy no oscurece
la esclavitud que envilece
con sus sombras de pesar!

XII

Eres libre y soberana;
realiza, pues, tu destino;
¿qué se opondrá a tu camino
que no lo puedas destruir?
Te restan, ¡ay! ¡suerte insana!,
te restan contrarios viles:
¡aún tienes hijos serviles
que te quisieran uncir!

XIII

Mas no, patria, tú no debes
al desconsuelo entregarte,
porque tu libre estandarte
no manchará su baldón.
Si tienes hijos aleves
de instinto fiero y sañudo,
la juventud es tu escudo
y honrará tu pabellón.

XIV

¡Hosanna y gloria a tu nombre
mi labio entona este día,
de civismo y de alegría,
emblema de libertad:
que de laureles se alfombre
tu carrera sobre el mundo,
y el porvenir más fecundo
te dé fama y dignidad!

XV

Y tú, juventud risueña
que te levantas ardiente
con patriotismo en la mente
y fuego en el corazón,
prosigue tu noble enseña,
tus ideales no rehúses
y esparce doquier las luces
del progreso, la instrucción.

LA INFANCIA

I

Cuando recuerdo mi dichosa infancia,
esa edad de fragancia,
de tímida inocencia y de ventura,
en que del alma los serenos días
y dulces alegrías
no empaña del dolor la nube oscura;

II

cuando recuerdo sus tranquilos goces
que raudos y veloces
huyeron para siempre con los años,
y miro en torno mi presente odioso,
que oscuro y proceloso
me brinda solamente desengaños;

III

entonces ¡ay! a mi alma fatigada
dolor intenso horada,
y, cual único y solo lenitivo,
dejo vagar el pensamiento en alas
de aquellas dulces galas
que fueran otro tiempo mi atractivo.

IV

Y recorriendo en ilusión querida
de aquella edad florida
por los dulces y fáciles senderos,
serenidad recobro y venturanza,
y otra vez la esperanza
me arrulla con sus cantos placenteros.

V

Y es que no sé qué tiene lo pasado
que al pecho lacerado,
a quien abruma el porvenir incierto,
parece que le trae con la memoria
algún jirón de gloria
que del tiempo la mano no ha cubierto.

VI

¡Oh de mi infancia encantadores días,
deliquios y alegrías,
que siempre al recordaros gozo tanto!
No os alejéis de mí con tal premura,
verted en mi amargura
una gota de miel con vuestro encanto.

A LA NATURALEZA

Sublime panorama en donde el alma
se embelesa admirando a su Criador;
¡foco de vida, de placer y calma,
centro de luz y manantial de amor!

¡Qué no pudiera en su rudez mi lira
un melodioso arpegio hacer brotar,
que expresara el amor en que se inspira
mi ardiente corazón al palpitar!

¡Qué no pudiera en vaguedad suprema
tus leyes, tus arcanos comprender,
y de lo creado el inmortal poema
en tus estrellas luminosas leer!

¡Qué no pudiera el corazón inquieto
tus infinitos seres contemplar,
y sorprender en ti nuevo secreto
y nuevo encanto en tu belleza hallar!

¡Y a mi antojo saber cómo las flores
toman su esencia y sus colores mil;
cómo la brisa exhala sus rumores
y entona un canto el ruiseñor gentil!

Pero... ¿qué digo? ¿En mi ardoroso anhelo
pretendo saber tanto? ¿Y para qué...?
¿No basta adivinar tras ese cielo
la mirada de Dios que el alma ve?

¡Salve, naturaleza, eres muy grande!
Mas tu grandeza en todo su esplendor
no es para el pecho que en su fe se expande
sino una huella que estampó el Señor.

LA VOZ DEL SENTIMIENTO

En el álbum de Esteban Guardiola

I

Hay una voz que al corazón encanta
cual un arpegio de celeste lira;
voz que conmueve y a la vez levanta,
nota que ríe y a la vez suspira;
en esas horas en que el ave canta
y dulcemente el trovador se inspira,
como el susurro de cadente palma
¡la he escuchado resonar en mi alma!

II

Es una voz de celestial dulzura,
eco a la vez de sin igual tristeza,
que algo indecible al resbalar murmura
y algo sagrado en su rumor expresa;
la oye el que piensa en su ilusión más pura,
la escucha el que ama o a sufrir empieza,
y la oye todo el que contempla ansioso
¡lo bello, lo sublime, lo grandioso!

III

Esa voz que con dulce arrobamiento
nos emociona y nos conmueve tanto
es de nuestra alma involuntario acento,
mezcla de goce, admiración y llanto:
¡es la voz celestial del sentimiento,
himno de amor, divino y sacrosanto,
que exhala tierno el corazón herido
en dulce vibración como un latido!

IV

En esas tardes del otoño hermosas
y en esas noches del estío bellas;
contemplando las nubes vagarosas
o admirando el fulgor de las estrellas,
¡qué de veces sus notas misteriosas,
como de amor dulcísimas querellas
contadas levemente y en secreto,
las he escuchado lleno de respeto!

V

Tú también, tú también, amigo mío,
has oído esa voz como ninguna;
¡qué de veces en dulce desvarío
la habrás oído al contemplar la luna,
o de la tarde al terminar sombrío,
si evocas tus memorias una a una,
o si piensas tal vez en lo futuro
rompiendo del mañana el velo oscuro!

VI

¿Y sabes lo que dice cuando vibra
tan tierna voz que, sin saber de dónde,
surge ligera y los espacios libra
y al corazón parece que responde?
Cuando te hiere en la escondida fibra
del alma, ¿no adivinas cuánto esconde?
Pues dice —si lo sabes—: ¡Simpatía,
Tristeza, Amor, Recuerdos, Poesía!

LUZ Y SOMBRA

I

¡Olvídate de mí! cuando el bullicio
de música y placeres tu alma llene;
cuando, cual reina de hermosura, todos
sus homenajes a rendirte lleguen;
cuando dichosa te contemples viendo
manos que flores en tu senda vierten;
cuando en tu pecho otra ilusión se asile
y por otro suspires tiernamente:
ya que un abismo entre los dos se opone,
¡olvídame, mujer, no me recuerdes!

II

Mas cuando triste y solitaria al peso
de amargas decepciones te abatieres;
cuando un sarcasmo te parezca el mundo
y su oropel y vanidad desprecies;
cuando abrumada en actitud sombría
un ¡ay! exhales que el dolor exprese,
y a tu pupila silenciosa asome
lágrima turbia que tu rostro queme:
ya que la misma adversidad nos une
¡que nuestro llanto al resbalar se mezcle!

A UN AMIGO

(Después de leer su libro de versos)

Tu historia y tu dolor he comprendido:
leyendo tus cantares, cuanto sientes
puedo decir también que lo he sentido.

Yo, como tú, desdichas inclementes
he cosechado en mi existencia oscura,
y no me extraña, no, que te lamentes.

La vida es un gran mar de desventura
donde, barquillas frágiles, los hombres
encuentran al cruzar su sepultura.

Por un placer, pesares hay sin nombres,
se mata de lo bello el sentimiento
y el alma se acibara, no te asombres.

Tras bello porvenir, con ardimiento
cruzamos al favor de la esperanza,
esa hada tan voluble como el viento.

¿Y qué hallamos al fin en tal confianza?
¡Amarga realidad y decepciones,
el cielo siempre azul en lontananza!

Del árbol de la fe mil ilusiones
vemos marchitas con dolor profundo
el destino arrastrar en sus turbiones.

Y sin embargo, amamos más el mundo,
en nuestra mente brotan nuevos sueños
y el corazón llevamos moribundo.

Seguimos tras quiméricos empeños,
que en vano llega siempre la experiencia,
pues nunca somos de sí mismos dueños.

Si un día maldecimos la existencia,
otro tal vez, creyéndonos dichosos,
sublime la llamamos sin conciencia.

Y en contrastes así, tan dolorosos,
mezclando ya la lágrima a la risa,
ya la risa a los ayes quejumbrosos,

¿la razón imparcial qué sintetiza?,
¿qué dice de todo esto, qué responde?
¡Que todo es vil miseria, humo y ceniza!
¡Que todo en el olvido al fin se esconde!

Mas perdona, querido: quebrantada
mi mente se extravía, no sé en dónde.

Quise dejar tan solo aquí estampada
sobre tus "Cantos" mi opinión sincera,
y aunque mucho he escrito, he dicho nada.

Mas debo algo decir: la suerte fiera
tu corazón muy pronto ha desgarrado,
retrátase en tus versos tu alma entera,
y en ellos tu existencia has compendiado.

LA CAÍDA DE LAS HOJAS

I

Del viento al rebramar, las hojas mustias
con siniestro rumor se desprendían
de los copados árboles. La selva,
antes alegre y de verdor vestida,
mostraba sólo a mis turbados ojos
tristeza y soledad... Me parecía,
al contemplar los desprendidos vástagos
y al sentir junto a mí rodar sin vida
las amarillas hojas,
que sin duda el genio del dolor que el orbe habita
hiere también las plantas: ¡ay!, por eso
es que gimen y crujen sus aristas
como animados seres, al impulso
del frío vendaval que zumba y gira
y tala por doquier;
¡Destino aciago que no respeta nada
y aniquila irresistible y ciego
cuanto alienta en la vida fugaz!
Cuadro que inspira emociones extrañas
y solemnes al que contempla absorto y que medita,
era aquel cuadro flébil, clara imagen
de lo que son las humanas dichas:
¡tan bellas, tan hermosas si comienzan
pero en su fin tan vanas y tan míseras!

II

Al pie de añoso roble recostado
en actitud al parecer tranquila,
observaba en redor. De cuando en cuando,
al ruido quejumbroso de la brisa
se mezclaba el monótono lamento
de la humilde torcaz. El alma mía,
en concepciones tristes ocupada

y ante el aspecto del paisaje fija,
recuerdos y esperanzas comparando,
el misterioso arcano hallar creía
que la existencia esconde. "¡Oh sí!" —pensaba—,
así son las variantes de la vida:
épocas hay hermosas y lozanas,
ricas en goces y en ensueños ricas;
pero esos tiempos pasan y otros llegan
de soledad y de tristeza impías.
¡Naturaleza espléndida y sagrada!
Tú también al dolor das tus primicias.
No es eterna tu gala, ¡oh selva umbrosa!
y cual del hombre cámbianse los días.
Los tuyos se han cambiado, y, ¡ay!, por eso,
tu augusta pompa y tu beldad perdidas,
ostentas hoy a mis turbados ojos
¡no más que escombros, soledad y ruinas!

EL POETA

Revelador de un mundo
fantástico y divino
que en vano torpes labios
pretenden describirlo;
porque es un mundo inmenso,
espléndido y magnífico,
que solamente irradia
en su cerebro mismo.

Inagotable fuente
de fondo cristalino,
que entre sus aguas lleva
las aguas del cariño;
y en donde apuran todos
el germen fecundísimo
que de las almas templa
el sentimiento vivo.

Calandria enamorada
que en el laurel florido
exhala dulces notas
mezcladas con gemidos,
que alegres nos parecen
y amargas son en lo íntimo;
pues son el fiel reflejo
de un pecho adolorido.

Modesta, humilde viola
que, oculta en su retiro,
persiste y luego muere
por falta de rocío,
dejando, empero, al viento
recuerdos del purísimo
aroma de sus hojas
y de su hermoso brillo.

Todo eso es el poeta:
compendio indefinido
de la desgracia humana
y del poder divino;
para unos un arcángel,
para otros un ser ínfimo,
que vive sobre el mundo
y en él está proscrito.

Mas él está llamado
a un superior destino:
si canta no se extinguen
sus ecos no aprendidos;
y deja, cuando muere,
reflejo brillantísimo
que se alza tras la tumba
y triunfa del olvido.

A LA LIBERTAD

Para ensalzar tu nombre soberano,
quisiera, ¡oh Libertad!, del océano
el retumbante, hórrido fragor;
quisiera de mil truenos el rugido,
del volcán que revienta el estallido
y el eco del simún aterrador.

No los acordes melodiosos, suaves,
de las canoras y pintadas aves,
ni de las auras el rumor sutil;
quede todo eso deleitando al hombre,
que sólo es digno de ensalzar tu nombre
lo que se eleva sobre el mundo vil.

En mi entusiasmo sin igual, por eso,
quisiera, ¡oh Libertad!, ¡luz del progreso
y de los pueblos ángel tutelar!,
¡como apoteosis digna de tu escudo,
hacer temblar al despotismo rudo
tu nombre solamente al pronunciar!

Y luego ver en indecible instante,
bajo el poder de conmoción gigante,
la infame tiranía perecer;
en el olvido hundirse las coronas
y en todas las regiones y las zonas
tu lábaro magnífico extender.

¡Ah, cómo entonces la humanal criatura,
desde la choza miserable, oscura,
hasta el palacio lleno de esplendor,
en colosal concierto entonaría,
¡oh Libertad!, el himno que sería
a tu grandeza el merecido honor!

CRISTÓBAL COLÓN

Sobre las ondas, genovés, te miro
intrépido cruzando el mar Atlante,
de las playas de Europa ya distante,
perdido en la desierta inmensidad.
Te miro con tus naves solamente,
sereno, audaz, sin brújula ni guía,
cual un profeta que el Creador envía
a revelar de un mundo la verdad.

Sobre cubierta, contemplando extático
el horizonte azul con hondo empeño,
de tus sueños meditas en el sueño
que allá en Egina presintió Platón;
y en tanto tus indignos camaradas,
que no supieron nunca comprenderte,
en silencio tal vez piensan tu muerte,
fraguando de volver la rebelión.

En vano apuras tu elocuencia toda:
no pueden comprenderte; visionario
te llaman con acento temerario
y se resisten todos a seguir;
pero tu voz los vuelve a la obediencia,
un plazo les señala tu esperanza,
y al concluirse aquél, en lontananza
la indiciadora seña ven lucir.

Ya no es tu sueño una quimera loca;
realizado le ven ya sin enojos:
es la tierra más bella que los ojos
asombrados miraron del mortal.
¡Oh! ¡quién pintar pudiera el regocijo
que de tu alma inundó todos los lazos
al estrechar la Atlántida en tus brazos,
al descorrer el célico cendal!

Cumpliendo tu deber, de España en nombre,
el pabellón implantas y las leyes,
y protección le ofreces de sus reyes
su libertad en cambio de perder.
Y rendida la encuentras y sumisa;
¡con qué placer entonces la mirabas!
¡Oh, no pensaste entonces, no pensabas,
que eso fuera su eterno padecer!

No pensaste, tampoco, no pensaste,
¡oh divino Colón!, que ingratos, crueles,
en vez de honores, palmas y laureles
te darían no más que su baldón:
cargado de cadenas, conducido,
te ves por la traición que más espanta,
y para colmo de ignominia tanta,
mueres abandonado en un rincón.

Esa tu suerte fue, la de las tierras
que descubrió tu pensamiento osado;
fue después el gemir en triste estado
luengos siglos de negra esclavitud.
Mas al cabo rompieron la coyunda
que tanto las vejaba y oprimía,
y el triunfo de sus héroes e hidalguía
por siempre ensalzará la gratitud.

Junto a esos bienhechores inmortales
que con su esfuerzo hallaron la victoria,
compartes tú también la excelsa gloria
y el culto que la América les da:
¡que al recordar sus bendecidos nombres,
al genio no se olvida sin segundo
que supo al mar arrebatar un mundo
que escondió en el misterio Jehová!

HASTÍO

(A Carlos Cáceres Bustillo)

El mismo sol iluminando el día,
la misma luna en la callada noche,
el mismo cielo con sus luces bellas
y el mismo campo con sus mismas flores.
Siempre igual, siempre idéntica la vida:
los mismos seres y los mismos hombres;
siempre la lucha y el afán de siempre,
el mal eterno y pasajero el goce.
Todo farsa, no más, todo quimera;
mentira la ilusión y los amores;
frágiles vidrios la virtud y la honra
que al golpe más ligero ya se rompen.
La ciencia, vanidad de vanidades:
siempre habrá arcanos y también errores.
Humo es la gloria y la ventura sueño;
¡víctima siempre del destino el hombre!

¿Y aún decís que es un todo de armonías
este mundo que es báratro de horrores?
¿Y aún la existencia amáis que sólo sirve
para arrancar del pecho maldiciones?
¿No veis que todo es guerra y siempre guerra,
y que, juguete del acaso, el hombre,
cayendo y levantando avanza mísero
como un demente de la tumba al borde?

¿De qué sirve que el alma en sus ideales
se finja gloria, porvenir y amores,
si de sus ojos cae al fin la venda
y la espantosa realidad ve entonces?
¿De qué sirve sentir, amar lo bello
y creer en la virtud, ansiar lo noble,

si en un instante de suprema angustia
el desencanto frío nos corroe?

¿Quién no se hastía y desespera y llora
ante el poder de esa inquietud sin nombre
que agita al corazón, que en vano lucha
por encontrar un centro a sus pasiones?
¿Y quién, en fin, en tormentosas horas
de frenesí, de luto y de dolores,
no siente en su alma ese voraz deseo
de trastornar a su albedrío el orbe,
o de la nada hundirse en el abismo,
cual en ocaso el astro rey se esconde,
y así encontrar la calma que en la vida,
ni en sus ensueños, por su mal conoce?

¡Ah, los que nunca habéis sentido el peso
del sufrimiento en sus terribles choques;
los que no habéis probado la amargura
del mar de incertidumbres que me absorbe!
¡Bien podéis alentar mentidos sueños,
bien podéis esperar, creer en algo!
¡Yo llevo en mi dolor la negra noche,
y roto al fin de mi ilusión el prisma,
no puedo ya mirar vuestras visiones!

LA MÚSICA

¿Y quién no siente, al escuchar las notas
dulcísimas que esparces por el viento,
¡oh música divina!, cuando brotas
en vago enjambre, acariciarle ignotas
esperanzas de dicha y de contento?

¿Quién es aquel que, mudo, indiferente
ante tu magia irresistible, en calma,
enajenado el corazón no siente,
y hacia otra esfera su entusiasta mente
no vuela en pos de inmarcesible palma?

Si parece que son tus armonías
cascadas de placer que el alma anegan,
deliquios de pasadas alegrías,
besos de amor que esparcen melodías
o lágrimas que dulces sueños riegan.

¡Con razón eras de los viejos dioses,
que supo crear la Grecia soñadora,
el goce más amado entre sus goces,
pues que dignas del cielo son tus voces,
¡oh música sin par, arrobadora!

¡No ceses, no! que al roce de tu mano
conmueves de mi ser todas las fibras,
y a impulsos de tu genio soberano,
de amor y poesía un mundo arcano
despiertas en mi pecho cuando vibras!

LEMPIRA

I

El gran Cacique Lempira,
que en honra como en hazañas
mil veces se distinguiera
de todos sus camaradas;
y que en terribles encuentros
con las vecinas comarcas,
llevando doquier el triunfo,
el furor también llevara;
con sus vasallos contento
y libre como las águilas,
de Cerquín entre las sierras
donde luego edificaran
a Gracias los españoles,
intrépido gobernaba.

Sus hechos, que eran insignes,
tan alto timbre le daban
que en boca de las leyendas
repetía de él la fama
que en una batalla sola,
de su brazo la pujanza
a ciento veinte enemigos
dio la muerte. Era tanta
la admiración que infundía
por su arrojo y por su audacia,
que todos sus compatriotas,
notando la circunstancia
de que jamás era herido
ni ante el peligro temblaba,
encantado le creían,
y por eso le llamaban:
Lempira el invulnerable,
Cacique de las montañas.

II

Mientras que así expertamente
en sus dominios mandaba,
de nuestros campos de Honduras,
en nombre del Rey de España,
conquistadores audaces
señores se proclamaban.
Era el año treinta y siete;
la villa de Comayagua
fundaba Alonso de Cáceres.
Satisfechos ya contaban
los castellanos el triunfo
de su poder y sus armas;
pero Lempira, entre tanto,
que sus intentos espiaba
y que jamás consintiera
en su suelo gente extraña,
hace paz con los vecinos
y, alistándose a las armas,
propónese a todo trance
la defensa de la patria,
prefiriendo morir antes
a verla después esclava.

De más de trescientos pueblos
como de treinta mil hombres,
poniéndose en atalaya
sobre un peñón elevado
que Cuyocutena llaman,
y desde allí, heroico, reta
el furor de aquella raza.

III

Dispuso entonces Montejo,
que a la sazón gobernaba,
enviar al mando de Cáceres
una tropa bien armada
de españoles y de indígenas

que al efecto se prestaban,
a reducir al Cacique
por la fuerza de las balas.

Advirtió pronto aquel jefe
que su empresa era arriesgada:
sitia el peñón por los flancos;
pero Lempira, que aguarda
vigilante, activo, astuto,
sus negligencias atrapa,
y en cautelosas salidas
mil descalabros les causa.

Verdad es que en la reyerta
los indios se menoscaban,
pero son tan numerosos
que apenas sienten la falta.
Luchan, luchan sin descanso,
y así seis meses se pasan;
mas viene ya la estación
tristísima de las aguas,
y entonces los sufrimientos
de los que sitian se agravan
a tal punto que desean
poner fin a la campaña.

Con tal objeto disponen
enviar al indio embajadas
invitándolo a la paz.
¡Empeño inútil! Rechaza
Lempira aquellas ofertas,
y salvar piensa a su patria,
aunque algunos de sus guerreros
dejar ya quieren las armas.

IV

En tal conflicto se indigna
Cáceres de la constancia
y la energía indomable

que el gran Cacique mostrara,
y que a sus ojos no era
más que rebeldía insana;
y viendo que noblemente
a rendirlo nunca alcanza,
resuelve acudir —¡cobarde!—
a la traición y a la infamia,
para acabar con Lempira,
que es de sus huestes el alma.

Dispuso, pues, que un soldado
a caballo se acercara,
tratando de hablar al indio
desde regular distancia.
Otro soldado a la grupa
iría escondiendo el arma,
que luego dispararía
cuando la ocasión llegara.

Hízose así; y hasta la hora
se eligió la más opaca
del día, para que nadie
el complot adivinara.

Lempira, que era valiente
y de nobleza sin tacha,
miró avanzar el soldado
sin apercibir la farsa
que habría de ser su ruina,
tan acostumbrado estaba
a recibir los mensajes
que los hispanos le enviaban.

Las nuevas propuestas oye
que de paz se le fijaban,
y a todas ellas contesta
con las resueltas palabras
que usar supo en otras veces
su varonil arrogancia.

El asesino, entre tanto
(pues este nombre le cuadra),
de su compañero al hombro
el vil arcabuz levanta,
apunta, hace fuego y súbito
en la cabeza una bala
hiere a Lempira, que cae
por las rocas escarpadas
haciéndose mil pedazos,
al "¡viva!" de los de España
y al doloroso gemido
que por él su patria exhala.

V

Así, indefenso y heroico,
dando ejemplo de constancia,
a manos de la perfidia
y de la más negra saña,
murió el caudillo famoso
que al ibero intimidara,
el gran Cacique Lempira,
el Héroe de las Montañas.

Dejó el mundo cuando apenas
cuarenta años no contaba,
y cuando, robusto y ágil,
con inteligencia clara,
sería aún por mucho tiempo
terror de la gente hispana.

Sin jefe ya, los indígenas
desorganizan la armada;
la confusión entra en todos,
y al ver muerto al que juzgaban
que era un dios, muchos guerreros
por la sierra se abalanzan,
rindiéndose los demás
del español a las armas.

Desde entonces quedó Honduras
a férreo yugo postrada,
y de entonces, por las noches,
del gran Cacique el fantasma,
con ansia de verla libre,
melancólico vagaba;

hasta que al fin llegó el día
de felicidad ansiada
en que, a impulsos del progreso,
la argolla se destrozara.

Entonces pudo escucharse,
con el armonioso hosanna
de los genios de la gloria,
la voz que decía: "¡Patria,
al fin veo satisfechas
las ansias todas de mi alma!
La libertad es contigo;
dormir ya podrá en la nada
mi espectro que por ti vela."

Y la sombra que así hablaba
era la del gran Lempira,
el Héroe de las Montañas.

CANCIÓN

¡Bello es el mundo y la existencia es bella,
bello, muy bello cuanto crió el Señor;
mas para el alma en que el amor destella
nada es mejor que la sonrisa aquella
de la mujer que le brindó su amor!

¡Tierna es del ave la canción sentida,
tierna, muy tierna la naciente flor;
mas para el pecho en que el amor se anida
nada es más tierno que la voz querida
de la mujer que le brindó su amor!

¡Dulce es la muestra de cariño ileso,
dulce el consuelo que ahuyentó el dolor;
mas para el que ama, en voluptuoso exceso,
nada es más dulce que la miel de un beso
de la mujer que le brindó su amor!

¡Feliz es siempre el que jamás su planta
hirió del mundo el aguijón traidor;
mas, nunca, nunca su ventura es tanta
cual la de dos que, con delicia santa,
la dicha apuran de su inmenso amor!

AMOR

La brisa con su suave rumoreo,
la fuente con su dulce murmurío,
el ave con su tímido gorjeo,
con sus mil flores el boscaje umbrío;

la tarde con su lánguido vagueo,
la noche con su magia y desvarío,
la aurora con su plácido recreo:
¡todo me hablaba de ti, dulce amor mío!

Tu imagen, como luz de poesía,
eterna resplandece ante mis ojos
y hace latir mi corazón sin calma;

y es que tú eres, mujer, mi idolatría;
es que te adoro como a dios de hinojos,
¡con un amor que es religión del alma!

GLOSA

Dios me ha negado de tu amor la palma
Dios ha puesto un abismo entre los dos:
¡Mitad del corazón, mitad del alma,
ay, para siempre, para siempre adiós!
— Fernando Velarde

¡Basta de amor! Que mi esperanza muera
y cual mi pecho se destroce mi alma,
ya que en la vida en que lo instable impera
Dios me ha negado de tu amor la palma.

Tras un mentido y adorable ensueño,
sin detenerme he caminado en pos;
mas hoy es vano mi amoroso empeño:
Dios ha puesto un abismo entre los dos.

De ti me aparto, y hacia el negro olvido
en busca voy de inalterable calma;
pero te dejo, con mi amor perdido,
mitad del corazón, mitad del alma.

Por eso, triste y en mortal pavura,
el alma presa de martirio atroz,
"¡Adiós!" —te digo—, angelical criatura,
¡ay, para siempre, para siempre adiós!

ADELANTE

(A la juventud hondureña)

Levanta ya del polvo la cabeza,
¡oh juventud!, que el porvenir te abona,
y reconquista la imperial corona
de tu indomable ardor y tu entereza.

Abierto está el camino a tu grandeza:
no desmayes en él; lucha, ambiciona,
y a la ignorancia altiva desmorona
y la obra magna del progreso empieza.

No más vaciles; sin temor avanza
hasta cumplir con tu misión sublime,
con fe profunda y convicción gigante:

¡Superior al peligro es tu esperanza!
¡Tu causa la que eleva y que redime!
¿Qué te detiene, pues? ¡Sigue adelante!

A LA LIBERTAD

¡Libertad! ¡Sol refulgente,
numen de santos anhelos,
precioso don de los cielos,
inspiración de la mente;
virgen hermosa y sonriente
de incomparable beldad;
timbre de la humanidad,
orgullo de las naciones,
amor de los corazones,
fuente de felicidad!

¿A quién tu magia no inspira?
¿A quién tu fulgor no inflama?
¿Quién, Libertad, no te ama?
¿Quién, Libertad, no te admira?
¡A ti te canta la lira,
por ti se agita el pincel,
te esculpe y graba el cincel,
te eleva altares la historia,
te inmortaliza la gloria,
te perpetúa el laurel!

Donde tu poder no impera,
donde no se alza tu trono,
donde jamás en tu abono
tremola triunfal bandera,
la vida es triste quimera,
un antro espantoso, sí,
porque lo bueno está allí
vedado, nulo, proscrito,
¡porque todo está maldito
donde se te niega a ti!

¡El hombre desde la cuna
busca por eso tu lumbre
para elevarse a la cumbre
del honor y la fortuna!
Que en tu presencia se aduna
a la esperanza el amor,
y a tu influjo protector
se trueca en risas el llanto,
y todo tiene su encanto
y tiene todo esplendor.

¡Eres el alma del mundo,
corazón de cuanto existe,
soplo que alienta y reviste
de flores yermo infecundo!
En tu ancho seno fecundo
vive y crece la virtud,
y henchido de gratitud
el ciudadano arrogante
venera tu faz radiante
y execrra la esclavitud.

Si un tiempo la adversidad
cubrió de luto y horror
la tierra de nuestro amor
negando tu majestad,
bien pronto, sí, Libertad,
volvió tu luz a esplender,
y la vida, al renacer,
te han vuelto culto a rendir
¡los que aman el porvenir,
los que quieren grandes ser!

A LA MEMORIA DE MI MADRE

Al fin, ¡oh madre!, el bondadoso cielo
tuvo piedad de mí, ¡para que el duelo
no me hiciese estallar el corazón!
Pude al cabo llorar, y de mis ojos
el abundoso llanto a tus despojos
consagrar infeliz en mi aflicción.

Era preciso ya, porque sentía
que me ahogaba el dolor y me moría
sin encontrar, ¡oh mísero!, piedad.
Y ¡qué grande consuelo en el quebranto
pude obtener al derramar mi llanto
y al gemir tristemente y sollozar!

La amarga pena, cuando el golpe es rudo,
aprieta en la garganta férreo nudo
y el alma se retuerce en el sufrir.
Mas de su lava al fin se desaloja
el ardiente volcán, y el pecho arroja
también la lava del dolor sin fin.

Hoy puedo lamentar mi infausta suerte,
puedo decir lo que sentí al perderte,
mi marchita esperanza y mustia fe.
Madre, tú fuiste para mí la palma
a cuyas sombras se acogía mi alma
y aspiraba las brisas del Edén.

Fuiste la hermosa, la brillante estrella
que me hizo columbrar la gloria bella
y la ventura que juzgué inmortal.
Por ti, con ansia y sin temer dolores,
ambicionaba un porvenir de flores
para alfombrar del mundo el triste erial.

Mas hoy, ¿en dónde están esos ensueños?
¿Qué se hicieron deliquios tan risueños?
¿Quién, madre, destruyó tanta ilusión?
Se hundieron, ¡ay!, en tenebrosa umbra
al perderse tu vida en la penumbra,
al trasplantarte a otra feliz región.

Y murió el entusiasmo y murió el brío,
quedó sin luz el pensamiento mío
y se agotó la fuente de placer.
Hoy en el mundo indiferente vago
sin encontrar al corazón halago,
sin más que hastío y decepción doquier.

Triste es mi vida, cual ninguna triste;
de sueños de ventura no la viste
primavera feliz, la juventud.
Mas en medio las brumas de mi duelo,
tu recuerdo querido es mi consuelo
y en mi alma siempre resplandeces tú.

ESTROFAS

I

¡Yo amo todo lo grande!, lo que altivo
sobre el nivel de lo común se eleva:
del mundo material las altas cumbres,
del alma humana la gigante idea.

Más que lo bello, lo grandioso admiro;
lo sublime ante todo me enajena,
y porque el manto de los cielos bordan
flores de luz, admiro las estrellas.

Más que la gala del vergel florido
amo la pompa de salvaje selva,
y más que de las fuentes el murmullo
me encanta de los mares la tormenta.

Desdeño la hermosura de un palacio
delante las Pirámides eternas;
y más que el cuadro del pincel de Apeles
o el dulce arrullo de la lira orfea,

me seduce el cincel de Miguel Ángel,
me inspira de Rouget "La Marsellesa":
¡que algo busca mi espíritu en las cosas
grande como la sed que le atormenta,
y por eso odia tanto lo rastrero
y rinde culto a lo que audaz se eleva!

II

Yo admiro al sabio que estudiando vive
y los misterios del Criador penetra;
yo admiro al héroe que con gloria muere
en el fragor de la feral pelea.

Admiro al hombre de virtud modelo
que de la vida el oropel desprecia,
y admiro a los artistas soberanos
que con su inspiración al cielo llegan.

Pero más que la ciencia de los sabios
y del héroe el valor; más que la austera
virtud del bueno y del artista el numen,
venero de los genios la potencia.

¡Semidivinos seres! Sólo a ellos
escalar les es dado la suprema
región a do ni el águila se atreve,
y el arcano escrutar de la existencia:

¡Sólo ellos de frente mirar pueden
al almo sol de la eternal belleza!
Y ellos tan solo, para dicha y pasmo
de la doliente humanidad, revelan,
en palabras de fuego, apocalípticas,
¡de lo infinito el inmortal poema!

AL REGRESAR A MI PUEBLO

I

Adiós, Tegucigalpa, adiós ciudad querida,
ciudad que por mil títulos jamás olvidaré;
de ti voy a ausentarme con alma entristecida,
pues fuiste el sol radioso, en mi temprana vida,
¡a cuya luz brillante mi espíritu templé!

Me vuelvo ya a mi pueblo, al pueblo de mi cuna,
a revivir tranquilo las dichas del hogar;
a realizar mis sueños de amor, gloria y fortuna,
o a ver en los espacios perderse una por una
las bellas ilusiones que en ti pude forjar.

Comprendo hoy, al dejarte, que te amo con el alma,
como a la tierra hermosa donde la luz yo vi;
que en ti he sufrido mucho y en ti he hallado calma,
y has sido en mi existencia cual del desierto palma
a cuya sombra augusta nueva vida sentí.

Mas fuerza es que me aleje, aunque te quiero tanto:
¡que el cielo te contemple y te proteja Dios!
¡que el ángel del progreso te cubra con su manto!
Y adiós, mientras anubla mis pupilas el llanto:
mi corazón te estrecha: ¡adiós, ciudad, adiós!

II

¡Salud, oh Juticalpa!, salud ciudad querida,
ciudad por la que ausente mil veces suspiré.
Al fin vuelvo a mirarte con alma enternecida,
vuelvo a aspirar tu aliento, vuelvo a sentir tu vida
y a renacer del pecho la marchitada fe.

Retorno a tu regazo, ¡oh pueblo de mi cuna!,
a revivir tranquilo las dichas del hogar;

a realizar mis sueños de amor, gloria y fortuna,
o a ver en los espacios perderse una por una
las bellas ilusiones que he podido alentar.
De gozo se estremece entusiasmada mi alma
al contemplarte, ¡oh pueblo! al estrecharte, sí:
que tú eres fresco oasis de luz, placer y calma,
de mi desierta vida la bienhechora palma,
a cuya augusta sombra me sentiré feliz.

Quisiera hoy más que nunca por ti elevar un canto,
ciudad de mis amores a quien bendiga Dios;
mas tanto es lo que siento y mi delirio es tanto
que, al saludarte, ¡oh pueblo!, mi faz anubla el llanto,
mi corazón te estrecha y anúdase mi voz.

RELLIGIO

(De Víctor Hugo)

El pálido crepúsculo se hundía
tras las lejanas cumbres de Occidente;
la noche, con sus sombras, se extendía
cubriendo el horizonte lentamente;
cruzábamos los dos la estrecha vía
del bosque solitario. De repente,
Hermán, que meditaba absorto y fijo,
rompiendo su silencio, habló y me dijo:

"¿Cuál es tu religión? ¿Cuál es tu creencia?
¿En dónde está tu Biblia, el Dios que imploras?
¿Esclavo de tu orgullo, sin conciencia,
tú misma ceguedad acaso adoras?
Si algo dicen tus versos, si en esencia
no son copas de espuma, ondas sonoras;
si tu lira no es tea que, apagada,
humea en las cenizas de la nada;

si tu alma no se ha hundido todavía
de la impiedad en el terrible abismo,
responde, di: ¿cuál es tu eucaristía?
¿cuál el cáliz que apura tu egoísmo?"
Y en tanto yo callaba, él proseguía:
"Soñador pertinaz que, en tu espejismo,
pretendes dar de tu virtud ejemplo,
¿por qué no llevas tu plegaria al templo?"

Y yo le dije: "Como tú, de hinojos
oro a veces también." — "¿Pero en qué iglesia?
¿qué altar, qué celebrante ven tus ojos?
¿ante quién postras tu arrogancia necia?
¿ante qué sacerdote, sin enojos,

140

del mundo ingrato en la tormenta recia,
pides perdón y se refugia tu alma?"
Y al fanático aquel repuse en calma:

Mi iglesia es el inmenso y azulado
espacio de los cielos cintilante;
y en cuanto al sacerdote consagrado...
Levanté la cabeza en ese instante
y sentí como un hálito sagrado.
Se estremeció el gran bosque susurrante,
y tembló todo: la robusta encina,
el león que ruge, el ruiseñor que trina.

Bañando en luz de plata el horizonte,
la blanca luna apareció serena
detrás de la alta cúspide de un monte;
y al verla así, de esplendideces llena,
a Hermán le dije: "De rodillas ponte,
¿no ves acaso esa sublime escena?
Es Dios que oficia el misterioso rito,
y la hostia está elevando en lo infinito."

SOBERANA MUJER

Entre el brillante coro de las bellas
no puede confundirse con ninguna;
las vence, las domina a todas ellas,
como en el cielo al asomar la luna
palidecen las tímidas estrellas.

Tiene en su cuerpo la esbeltez ufana
de la palmera que se mece altiva:
en su rostro alborea la mañana,
su mirar es de tórtola cautiva,
su boca es urna de caliente grana.

Como jirón de noche su cabello
a sus espaldas flota y cae en rizos;
su frente es tersa, cincelado el cuello,
y ebúrneo el pecho elévase entre hechizos
en donde anida el corazón más bello.

Sueña el amor en sus dormidos ojos,
y el tierno arrullo de su voz seduce;
palpita el beso entre sus labios rojos
y su sonrisa al dibujarse induce
en éxtasis divino a caer de hinojos.

Las Gracias modelaron su semblante
y su conjunto completó creadora
la inspiración del cielo más pujante:
reúne por eso a la beldad de Flora
la alma de Psyquis virginal y amante.

Mujer que no es mujer, que más parece
la realidad de un sueño sobrehumano,
que idolatría como a Dios merece,
¿quién la puede mirar y verla en vano

si el que la ve de adoración fallece?

Yo la amo con amor irresistible,
con el más grande amor de los amores:
no importa que a mi afán sea insensible:
yo la amaré a pesar de sus rigores:
¡qué más gloria que amar un imposible!

AMOR ACIAGO

Tú no puedes amarme, aunque lo quieras,
porque tu alma no es alma cual la mía,
hecha de locas tempestades fieras,
honda y amarga cual la mar bravía:
nunca jamás corresponder pudieras
a una pasión que se desborda impía
y que, tremenda, al agitar tu alma
¡te troncharía como a débil palma!

Tú no puedes amarme, ni tampoco
yo puedo hacer de mi cariño alarde:
que el corazón de una mujer es poco
para el volcán que en mis entrañas arde;
y yo sé amar... mas con furor de loco
que nada obstruya ni su fin retarde,
y al oprimir tu boca en mis excesos
¡te matarían mis quemantes besos!

Tú no puedes amarme: es imposible:
que yo soy como alud que se desprende
de la alta cumbre, y con su choque horrible
suele arrollar cuanto a su pie se extiende;
y enajenado en mi ansiedad terrible,
cuando a otro impulso el corazón no atiende,
si te estrechara en mis amantes brazos
¡te ahogaría, mujer, con mis abrazos!

Tú no puedes amarme: eso es locura;
porque no puedes soportar el brío
de una pasión que, con violencia dura,
se sacude en un pecho como el mío:
tú eres palmera de oriental llanura,
y yo el simún que se desata impío:
¡oh! si te amase irresistible y ciego
¡te aterraría en los escombros luego!

Tú no puedes amarme, no lo ignores,
porque mi amor es tempestuoso, aciago:
tú necesitas de aromadas flores
que te circunden cual dormido lago;
y yo solo he vivido entre dolores
y no sé amar con femenil halago,
porque detesto del placer la calma:
¡mi amor es una sombra, un mar mi alma!

A LA LUZ DE LA LUNA

Era noche de estío cual pocas he visto tan bellas:
el cielo era una bóveda inmensa teñida de azul;
cual pupilas de virgen lucían las áureas estrellas
y la luna, cual góndola blanca, bogaba sin huellas
por el éter y enviaba a la tierra su pálida luz.

Melancólico y triste yo estaba, absorto, abstraído
en las brumas de mi alma, porque era cual nadie infeliz:
de repente, las brisas mecieron mi sien al descuido
y, cual de ala de un ángel el roce apenas sentido,
percibí en mi frente el reflejo de un nimbo sutil.

Disipóse el dolor de mis penas y vi que se abría
otro mundo a mis ojos, más bello quizá que el Edén;
y sentí nueva vida y mi mente el vuelo cernía
por regiones sublimes, bañadas de luz y poesía,
y en deliquios soñados y puros flotaba mi ser.

Yo gozaba y sentía la dicha con ansia indecible;
mas un algo supremo, divino, un algo ideal
yo buscaba a través de los cielos, un algo imposible:
de mis sueños de gloria irisados, la imagen sensible,
la mujer toda mía, de mi alma la diosa inmortal.

De improviso la esfera celeste realzó su hermosura
y escuché los arpegios más dulces de un canto de
amor;
y soplaron las auras de nuevo con blanda frescura
y la luna más trémulos rayos envió de la altura,
y mis ojos erraron inquietos buscando en redor.

La dulzura cesó de aquel canto que oía extasiado
y una forma indecisa vi alzarse muy cerca de mí:
parecía del cielo algún ángel que hubiese bajado
o una sílfide acaso, una grata visión que a mi lado
sonreía adorable: al fin yo era cual nadie feliz.

Desperté de mis sueños de dicha y vi con sorpresa
que mejor y más tierna y más dulce que el sueño ideal
era aquella de amor y hermosura sublime certeza;
y mis brazos amantes rodearon tu casta belleza
y en tus labios un beso, ¡oh amada!, posé nada más.

Y esa fue, entre las páginas bellas del libro de mi alma,
el exordio del poema divino que es hoy mi pasión:
esa fue de un amor cual ninguno la prístina palma;
su recuerdo en mis horas de hastío me llena de calma
y refresca las fibras dolientes de mi corazón.

DESPUÉS DE LA LECTURA DEL INFIERNO DE DANTE ALIGHIERI

Por tu sublime espíritu guiado,
como tú por la sombra bienhechora
de Virgilio, en tu infierno he penetrado.

Con sed de lo insondable abrasadora
y el alma por lo eterno sacudida,
te he seguido con ansia hora tras hora.

Y de la oscura selva do la vida
se extravía, he bajado hasta la puerta
de la ciudad doliente y maldecida.

Aun su inscripción fatal en mí despierta
honda desolación: allí, implacable,
del que entra he visto la esperanza muerta.

Y he sentido en mi ser el espantable
vacío que despuebla lo infinito
y en su lugar coloca lo execrable...

De Beatriz el espíritu bendito
evocas en tu ayuda, y sus amores
llevan tus pasos al final prescrito.

Su virtud, noble égida en tus terrores,
me anima y, tras tu huella, los impuros
antros visito de expiación y horrores.

Y pasan como en mágicos conjuros,
asombrando mis ojos, los tormentos
y los suplicios del culpable duros.

Y escucho sus sarcasmos, sus lamentos
e irónicas blasfemias: tras el crimen
veo estallar los hondos sufrimientos:

la desesperación de los que gimen,
la rabia y el dolor que nadie calma,
las penas que con nada se redimen.
Y helada y muda de pavor el alma,
espectros miro entre la niebla oscura,
cuántos hollaron de virtud la palma.

De Francesca y Paolo veo impura
la lujuriosa escena repetida,
al placer despertando... y la amargura;

y muchas sombras más: allí se anida
Farinata, acostado en tumba que arde
de que alzarse no puede... ¡alma perdida!

A Beltrán de Born se ve más tarde,
tronchada la cabeza, andar sin tino,
como quien fue de la discordia alarde.

Después... ¿cómo seguirte en tu camino?
Un fantasma nos muestras, monstruo huraño,
que devora sus hijos: Ugolino.

Y el pasmo no concluye: inmenso, extraño,
tu poema va esbozando sus creaciones
con colorido tal que no es engaño.

Tú evocas como nadie las visiones,
¡oh Dante sin igual! Tu genio crea
el mundo de lo ignoto. Tú te pones

sobre la humanidad con roja tea,
y alumbras el arcano sempiterno
tras que la mente lucha y forcejea.

Tu obra colosal no es ilusoria:
quien te lea no duda que hay infierno;
pues sabe que el infierno está en la historia,
que a los malos condena en juicio eterno
y a los genios cual tú les da la gloria.

EL DRAMA ETERNO

Sin que sepamos aún cuál es su trama
ni cuál el fin que nuestro afán convida,
actores somos del inmenso drama
que sobre el mundo apellidamos vida.

Solos o unidos, con talento vario,
nuestro papel a ejercitar nacimos,
y aun no sabemos, con impulso diario,
ni a dónde vamos ni de do venimos.

Todos a oscuras y accionando todos,
nos aplaudimos o nos damos mofas;
y sin pensarlo, por extraños modos,
vamos del drama repitiendo estrofas.

Espectadores y a la vez farsantes,
se nos antoja anteponer deseos,
y a los pigmeos contemplar gigantes
y a los gigantes contemplar pigmeos.

Todos en pos de una falaz quimera
nos agitamos sin hallar ventura:
el que la fama con el arte espera
y el que la gloria del saber procura.

El vasto mundo, en su variar de actores,
es siempre el mismo: un engañoso mundo
que al hombre halaga con placer y amores
y le atosiga con dolor profundo.

La humanidad, como bacante, ríe
atada al potro de su horrible suerte,
e inútil es que en su anhelar confíe,
pues le devora el corazón la muerte.

¿Y quién descifra del vivir la trama
que a nuestros ojos seguirá escondida?
¿Cuándo por fin acabará este drama
que todos vemos, que a llorar convida
y por algo se llama
el drama eterno de la triste vida?

TE AMO

Te he visto... y en tus ojos adivino
algo... yo no sé qué... grande y profundo,
que le revela al corazón un mundo,
que le hace ver un más allá divino.

Siento como que al verte me ilumino
y en vago ambiente de placer me inundo:
que tienes algo animador, fecundo,
que cambia y fija mi fatal destino.

Y te amo ya con el amor del cielo,
que une las almas en estrecho lazo
y a dichas inefables las convida;

con ese amor del misterioso anhelo
que, sin buscarlo, nos encuentra al paso
¡y que es único amor sobre la vida!

AL PUEBLO

No es eterna la noche de la ignorancia
que te circunda, ¡oh pueblo!, ni la distancia
que a tu progreso media es infinita:
todo tiende a su término, todo se agita
y marcha hacia delante sobre las huellas
del astro que en las almas vierte centellas.
Tú seguirás la senda que va de lo alto en pos:
¡oh pueblo!, espera y que te alumbre Dios.

No importa que tus pasos vayan errantes:
los pueblos en la infancia son vacilantes,
como todos los seres, y avanzan poco:
llegarás a la meta, no me equivoco;
pero fuerza es que luches, y la penumbra
desgarres, que tras ella la aurora alumbra.
Grata de ir por la senda que va de lo alto en pos:
aspira, ¡oh pueblo!, y que te guíe Dios.

Rompe las ligaduras de tu desmayo
y a la energía pide su altivo rayo:
ser libre es lo primero para ser grande;
pueblo que nunca es libre jamás se expande
en la vida gloriosa de sus derechos:
sus hombres no son hombres, son contrahechos.
La libertad es senda que va de lo alto en pos.
Sé libre, ¡oh pueblo!, y te proteja Dios.

Cobra amor al trabajo, que galas viste
y la abundancia riega y alegra al triste:
él transforma a los pueblos y a las naciones;
a su amparo más libres los corazones
vigorosos palpitan y más honrados,
y el progreso se anuncia por todos lados;
porque el trabajo es senda que va de lo alto en pos.

Trabaja, ¡oh pueblo!, y te bendiga Dios.
El porvenir te llama, el porvenir te espera:
¡Álzate del abismo!, ¡oh patria! ¡Quién me diera
ya libre y culta y grande verte del triunfo en pos,
soberbia en tu adelanto, radiosa en tu derecho!
Si yo así te mirara, muriera satisfecho,
y por ti, en las alturas, gracias daría a Dios.

IDEALISMO

I

¡Ah! No rompáis de la ilusión el prisma,
no despojéis de su espejismo al alma,
no introduzcáis de la impureza el cisma,
no le arranquéis al corazón su calma:
ved que la torpe realidad abisma,
ved que le quita a la virtud su palma,
ved que el arcángel del amor destierra
y la existencia, al convertirla en duelo,
hace un erial de la fecunda tierra,
la fe destruye y aniquila el cielo.

II

No deis jamás oídos
a esa fatal y mísera teoría
que la materia endiosa
y eleva sobre el alma los sentidos.
No prefiráis la prosa a la poesía
cuando es triste la prosa
y mata el entusiasmo y la armonía.
No echéis al fango todas las creaciones
que adornan la existencia;
abandonad del polvo los rincones,
no enturbiéis el cristal de la conciencia,
dejad las ilusiones
que forman nuestro orgullo y nuestra creencia.
Ved que algo es lo ideal: numen divino
de soberana esencia
que embriaga el corazón y abre el camino
que va tras algo hermoso y algo grato.
No importa que en la vida transitoria,
en que todo es ingrato,
sean humo el amor y humo la gloria.
Ya que el mundo es escoria,

desviemos de él los ojos y, extasiada,
fijemos la mirada
en las visiones que la mente crea.
Si somos en lo real tan infelices,
aunque el ideal una mentira sea,
si nos hace felices
gocémonos en él y el mundo vea
que sabemos vivir a nuestro modo
¡y de placer lo revestimos todo!

III

Es tan dulce soñar: tal embeleso.
Se siente en lo que no es que el alma ansiosa
anhela el casto beso
de la ilusión, aunque mentida hermosa,
y contemplar no osa
la torpe realidad fría y adusta.
Si el hombre no soñara
cuanto le halaga y gusta,
de su desgracia, ante la saña injusta,
ha siglos que en la tierra no alentara.
Es lo ideal el suspirado cielo
que Dios al hombre ha dado
para que encuentre a su dolor consuelo.
¡Infeliz del que solo ha contemplado
la aspereza del mundo y su miseria
y nunca se ha elevado
en las alas sutiles de su anhelo
de lo sublime en pos! Que la materia
es sombra de la vida
y el ideal es luz: alba querida
de cambiantes fulgores,
antorcha bendecida
que irradia los amores
y que nos hace contemplar de flores
la existencia vestida:
encantada linterna
de mágicos, magníficos mirajes

que al corazón hechiza
y le hace ver de la beldad eterna
reflejos y celajes:
lámpara de lo increado, la sonrisa
de los ángeles pura,
cuanto brilla y fulgura,
¡cuanto a través del cielo se divisa!

IV

No matéis lo ideal; no más cinismo:
¿a qué estrechar el alma en tan pequeños
círculos de egoísmo?
Dejad que en la azulina lontananza
del cielo de los sueños
el alma se despliegue.
Dejad que nos arrulle la esperanza
con sus cantos risueños.
Dejad que lo ideal al pecho llegue,
y cuando sufra, que le dé bonanza
y cuando goce, en el placer le anegue.
Que su fulgor nos llame
siempre como un imán tras de lo bello:
que nos brinde ventura:
que el corazón sus espejismos ame;
que ilumine nuestra alma su destello
y que, en pos de la altura,
¡nos haga ver de lo sublime el sello!

BOCETOS

Composición dedicada al pueblo hondureño el quince de septiembre del año en curso, aniversario de nuestra independencia

I

Yo tengo por amigo un pobre artista
que hace poco maneja los pinceles
y pinta cuadros que a la simple vista
dicen a cualesquiera
que no es su autor un presumido Apeles
sino artista mediano
que otra gloria no espera
más que luchar por el progreso humano.
Pintor desconocido
que en vano al mundo en su socorro llama
y sueña lo que no hay: mustio, perdido,
ni le alientan los ecos de la fama,
ni perdona a sus cuadros el olvido.
Pintor que aunque en pequeño
su óbolo pone con ardor y empeño
al servicio de todo lo que es grande;
extraño apóstol de una noble idea
que bulle y que aletea
dentro su corazón y allí se expande.
Pintor que entre la oscura
sombra de la existencia, vacilante,
encamina sus pasos adelante
y va en pos de la altura.
Visionario que rasga lo futuro
tras algo que redime
y que quisiera en ademán sublime
de su pincel al mágico conjuro
ver a la humanidad a su deseo
cual soñó Prometeo.

De ese artista ignorado
los cuadros a mostrarte
en mi entusiasmo voy ¡oh Pueblo amado!:
es el pintor mi pensamiento honrado
sin esplendores mi arte
que por tu bien se afana
y los cuadros de pálida Poesía,
llámanse: el uno libertad humana
y el otro la siniestra tiranía.

II

Representa el primero:
sobre campiñas de florestas bellas,
bajo un cielo azulino y placentero,
tachonado de estrellas
e iluminado por un sol brillante
un pueblo vigoroso y palpitante
que marcha de la luz por el sendero
y que prosigue sin cesar delante,
por sabia ley regido,
ostentando cual pocos en la frente
los puros rasgos del deber cumplido
y el noble orgullo de un afán ferviente.
La democracia inconmovible forma
de su derecho base: ella es la norma
que la justicia por doquier reparte,
el armonioso lazo que sujeta
al magistrado que el poder imparte
y al ciudadano que la ley respeta,
pues todos forman del Estado parte.
Allí no hay opresores
ni tampoco oprimidos:
la libertad como constante égida,
a plebeyos lo mismo que a señores
al bien los hace caminar unidos,
los colma de favores
y fuente eterna de entusiasmo y vida
los sigue por doquiera

y llena su alma entera
de yo no sé qué aspiración querida.
El trabajo es allí poder grandioso
que sus tesoros incansable vierte
y eficaz, productivo y afanoso
con su influencia convierte
en floridos vergeles los eriales
y animación llevando hasta la muerte
transforma los desiertos
en bosques tropicales,
los istmos en canales
y las radas en puertos.
Por la mano del hombre a gran altura
levantada se ve la agricultura.
Prodigando pujante la riqueza
y todas las industrias y las artes
en su apogeo y superior grandeza,
muestran por todas partes
el esplendor unido a la belleza.
Allí con fuertes lazos
se unen los corazones y los brazos
y se realiza la común ventura
sin el fragor de fratricida guerra
que el corazón aterra
y llena de amargura
porque allí el iris de la paz fulgura
y la ansiedad de la ambición destierra.
Allí en fin como el pájaro en el viento
es libre el pensamiento
de espaciarse con vuelo soberano:
tienen las ciencias y las letras culto:
no vive el sabio en un rincón oculto
ni el artista vegeta
en ese pueblo de sí mismo ufano.
Se premia la virtud, se honra el talento
y la sublime inspiración del poeta
se paga con laureles.
Allí los hombres, sacerdotes fieles
de un mismo ideal entusiasmados cantan

la Marsellesa de su eterna gloria
y a la Patria levantan
como trofeo de inmortal memoria
indestructible asiento
donde la sacra libertad ondea
el pendón de los libres victorioso.
Pueblo feliz y como grande hermoso.
Dios mismo al contemplarlo se recrea,
porque es digna corona
que como gran presea
de una zona a otra zona
¡del hombre libre el esplendor pregona!

¿Qué piensas de este cuadro, pueblo amado?
Aunque mal bosquejado,
si allá en tu mente con placer se imprime
habré con eso mi ambición colmado:
¡prueba será que para ti es sublime!

III

Pero el segundo cuadro, que es diverso,
se acerca ya a tu vista
y es el opuesto polo, es el reverso
porque a guisa de artista
se pinta hasta la noche si es preciso.
Bajo un cielo plomizo
que no parece cielo,
y en donde brilla a veces sol rojizo
o triste luna con albor de duelo,
sobre escarpado suelo
un pueblo se alza, un pueblo negligente,
sumido en la abyección, que hacia un abismo
rueda incesantemente
y que no puede levantar la frente,
bajo el peso de infame servilismo.
Pueblo que ayer fue libre, que sentía
gloria por su pasado
y que jamás en su altivez creía
que ese bien perdería,

hora vedlo infeliz, vedlo humillado
juguete de la negra tiranía
de un déspota opresor: llora sus penas
con lamentos prolijos
y al contemplar a sus dolientes hijos
gemir entre cadenas
no consigue otra cosa
que ver más negra su miseria odiosa.
Allí no hay ley que enfrene
del que gobierna el superior mandato,
porque el capricho la opresión mantiene
y porque todos con humilde acato
ante el tirano la rodilla doblan
que se arroga y que tiene
de vida y muerte el infernal derecho
y como fiera está siempre en acecho.
Allí el trabajo es maldición que agota
el esfuerzo del hombre,
que en vez de redimirlo lo rebaja
y lo convierte en infeliz hilota
sin destino y sin nombre
a quien se befa y sin razón se ultraja.
Privilegiada clase
es la que altiva con mentido fuero
se aprovecha y explota
del labrador la suerte y del obrero
a quienes viles tributarios hace
que inconscientes acrecen su dinero.
Allí de las industrias y las artes
únicamente la memoria existe,
porque no puede en lobreguez tan triste
vivir lo que prospera en otras partes
y de esplendor ante la luz se viste.
Ni tampoco la ciencia
tiene allí levantado su estandarte
porque es poder a la abyección contrario
y al tirano le ofenden los fulgores
que acusan su arrogancia
y gobernar prefiere sobre horrores

en el caos sin fin de la ignorancia.
De sociedad espectro, allí no alienta
de patriotismo el entusiasmo santo
ni el sacro fuego de virtud divina,
porque allí a todo la maldad atenta
y se proscribe sin que cause espanto
al que en las sendas del honor camina
o al que algo digno realizar intenta.
Como eterna amenaza
el tirano allí sueña rebeliones
y pone asustadizo
al pensamiento libre una mordaza,
mientras llena de horror los corazones
al esparcir venal y escurridizo
el espionaje odioso que doquiera
su red extiende y el desastre opera.
Por siempre enmudecida
la pluma ante la espada,
de Gutenberg el bendecido invento
que hace del alma palpitar la vida
es solo un instrumento
de adulación que al despotismo agrada.
Pueblo que más que pueblo es un fantasma
por la fuerza brutal escarnecido,
de todo apenas le ha quedado el nombre
porque mirarlo pasma
y en el oprobio al contemplarlo hundido
es imposible que no asombre al hombre.
¿Qué es ante el rol del mundo
sino horrible gangrena
que ya dilata su contagio inmundo?
Su solo aspecto aterroriza y llena
de yo no sé qué sentimiento aciago
porque muestra a los ojos implacable
del hombre la impureza y el estrago
¡bajo el peso de un yugo abominable!

¿Qué dices de este cuadro, pueblo amado?
Si de horror te ha llenado,

olvidarlo procura,
mientras que yo también como poeta
le daré sepultura
en el fondo sin fin de mi gaveta.

IV

Pero ¿cuál, me dirás, pueblo querido,
es el móvil que guía
mi pensamiento extraño y atrevido
al mostrarte cual lo he ya conseguido
dos cuadros de mi humilde galería?
Probarte, nada más, he pretendido
con rasgos de pictórica poesía
y alegórico modo,
manera por antiguo muy usada,
que el despotismo a la razón degrada,
que la suprema libertad es todo
y que la torva tiranía es nada:
que un pueblo libre puede ser gigante
si encamina sus pasos adelante,
mientras que un pueblo esclavo
será, de cuanto alienta, en menoscabo,
una ruina, no más, ruina funesta;
que de los libres el bendito asilo
es umbría, hermosísima floresta
de cimbreadoras palmas
en donde late el corazón tranquilo
y orgullo sienten y frescor las almas;
mientras que es un desierto
sin verdores ni luz el campo triste
donde la negra esclavitud existe;
y allí se lleva el corazón ya muerto
y el alma en duelo de crespón se viste.
Porque la sacra libertad es diosa
que todo lo transforma y diviniza
con su aliento dulcísimo de rosa
y con su pura y sin igual sonrisa.
Mientras todo lo arrasa
"Leñador infernal el despotismo"

que deja por do pasa
escombros, nada más, hondo quietismo
y asolación como el simún que abrasa.

Pero tú que eres libre y soberano
¡oh Pueblo de mi cuna!
y estás por ello con razón ufano,
aunque así no lo estés de tu fortuna,
con ser libre no tienes en la mano
de otros pueblos gloriosos el orgullo.
Tu vida como el agua sin corriente
sin rumor ni murmullo
se consume sin gloria,
sin que florezcan en tu noble frente
honrosos lauros de inmortal memoria.
¿Qué te falta para ello? Simplemente
ir en pos del ideal de tu destino,
pero con brío en la entusiasta mente,
sin desmayar jamás en tu camino,
trabajando afanoso
por realizar lo que el deseo alcanza,
porque bien lo predice la esperanza:
un pueblo libre puede ser coloso
si con tesón hacia el progreso avanza.
De libertad el cuadro ante tu vista
procura tener siempre y su presencia
hará que logres eternal conquista
y que sea grandiosa tu existencia.
¡Tiempo es ya, Patria mía, que levantes
del polvo la cabeza pensadora
y arrebatada con lirismo cantes
de un nuevo sol la refulgente aurora!
¡Tiempo es ya de que entones
con el placer más puro,
"De pie sobre las ruinas del pasado"
el himno estruendoso del futuro
y que de gloria tu esplendor corones!
Que el siglo veinte pueda ver colmado
lo que en mis sueños para ti figuro:

que llegue al fin de tu ventura el día:
¡que te conceda bondadoso el hado
cuanto elevarte puede, Patria mía,
y que orgullosos a tus hijos veas
cuando libre, feliz y culta seas!

ESTROFAS

En el centenario de Morazán (3 de octubre de 1892)

Para cantar al guerrero
que en apoteosis brillante
saluda hoy un siglo entero,
¡quién me diera a mí un instante
tener la lira de Homero
o la inspiración del Dante!

Solo así ensalzar podría
de Morazán la memoria,
clara cual la luz del día,
porque al referir su historia
mi humilde gloria sería
ya comparable a su gloria.

Mas, puesto que no me es dado
altivo honrar su renombre,
ante sus lauros postrado,
podré a lo menos su nombre
celebrar entusiasmado
con los aplausos del hombre.

Y ante su egregia figura
que en el bronce eternizada
sobre un pedestal fulgura,
decir podré, patria amada,
que en tu triste vida oscura
fueras sin su vida nada.

Que fue Morazán coloso
de aspiración gigantea,
que con esfuerzo grandioso
y en incesante pelea,

sobre sus hombros glorioso
alzó el pendón de una idea.

Su genio raro y fecundo
simbolizó tu destino,
y con talento profundo,
al dirigir tu camino,
hizo que te viera el mundo
bajo un resplandor divino.

Héroe, los patrios vergeles
con sus hazañas regó
de inmarcesibles laureles,
porque doquiera triunfó
y su gloria aclaman fieles
las proezas que realizó.

Y mártir al fin, sublime,
murió como muere el que
fue semidiós que redime,
trasfigurado en su fe,
con esa aureola que imprime
lo que extraordinario fue.

A su memoria podrás
digno homenaje rendir.
¡Oh Patria! tú nada más:
lo supiste concebir,
honrarlo también sabrás
y sus glorias esculpir.

Hónralo, pues, y con santo
orgullo el orbe te vea
a su nombre alzar un canto,
mientras que yo cual presea
de admiración diré en tanto:
¡Morazán! ¡Bendito sea!

A MI MADRE

En tu sepulcro
madre querida
nadie ha plantado
la cruz bendita;
y donde yaces
muda y tranquila
nada a mis ojos
hoy te designa.

Mas nada importa, ¡oh madre!, la falta de esa enseña
al corazón de un hijo que te ama y no te olvida,
y que si honrarte debe, lo sabe hacer en su alma
con ese ardiente culto que a lo eternal se liga.

¿Y a qué mundanas
pompas ficticias,
de las que el alma
no participa?
Que otros se paguen
de esas primicias.
Yo quiero honrarte,
madre querida,
con ese afecto
que eterno brilla:
amor de llanto
que no se eclipsa
y tras la tumba
se agranda y fija.
¡Santo cariño
de ansia infinita!

Y a falta de otra, quiero ofrendarte
aquesta humilde cruz tan sencilla,
hecha de flores tristes del alma
que ¡ojalá duren cual siemprevivas!

PRIMAVERALES

1892-1901

PRIMAVERALES

Preludios

I

He aquí los versos que en primavera
brotan alados del ritmo al son:
modulaciones en que quisiera
reunir del cielo la luz primera
y los encantos de la creación.

II

La juventud, que es diosa, y diosa peregrina
que infunde por do pasa yo no sé qué ideal,
exalta mis potencias y en ansiedad divina
hace que el arpa pulse, mi espíritu ilumina
y a mis canciones presta su magia sin igual.

Por eso, bajo el rayo del sol que en mi existencia
derrama sus fulgores, me siento enardecer;
y como flores brotan de un bosque en florescencia,
de imágenes desnudas y aún faltos de cadencia,
pero espontáneos surgen los versos de mi ser.

Formar quiero con ellos, pese a mi suerte dura,
una guirnalda umbrosa, una corona, sí,
para a las plantas luego rendir de una hermosura,
y ya que no laureles me ofrendarán ventura,
en éxtasis de amores me sentiré feliz.

III

Estos mis pobres cantos primaverales
son ecos desprendidos del corazón,
rumorosos arpegios matutinales,
suspiros y sollozos de palmerales
y de mis dulces sueños la irradiación.

IV

No tienen mis cantares
nada de nuevo:
son sólo el fiel trasunto
de cuanto llevo
dentro del alma:
placeres y desdichas,
dolor y calma.

Primaverales flores
son que el destino
hace nacer risueñas
en mi camino:
nadie las mira
porque a solas florecen
bajo mi lira.

Flores de la montaña
llenas de esencia,
que embalsaman las horas
de mi existencia:
yo como bardo
las cultivo y recojo
y aquí las guardo.

V

Sobre estas hojas, de mis cantares
feliz yo quiero reunir un haz;
y que sus notas, de mis pesares,
acallar puedan en mis hogares
el sufrimiento rudo y tenaz.

NEUROSIS

Junto al piano que llora
con musical terneza,
cual si el níveo teclado armonioso
la mano intangible de un hada oprimiera;

he visto una figura
de pálida princesa
destacarse adorable y radiosa
de un marco de obscuros crespones de seda:

y al contemplar su rostro
de correcciones griegas
y blancura de lirio, impregnada
de dulces nostalgias y amables tristezas,

al país del ensueño
do habitan las quimeras,
ha volado mi espíritu absorto
de tantos hechizos y tanta belleza.

Entonces con el alma
de arrobamiento llena,
he mirado en la imagen radiosa,
vestida de negro, tan pálida y regia,

la virgen pensativa,
melancólica y tierna
que acompaña los hondos pesares
y mártir de amores suspira y consuela;
la visión misteriosa
que solitaria yerra
y en las noches azules de luna
en su éxtasis miran las almas enfermas...

He pensado en las tristes
románticas siluetas
que cual trágicas musas inspiran
divinas locuras, pasiones eternas.

Margarita sublime,
mustia y doliente Ofelia,
pesarosa Mignon: albo coro
de aladas criaturas heridas de pena;

y he sentido en la frente
que el infortunio sella,
algo así como el beso de sombras
del ángel que infiltra las ansias supremas;

y en óptica ilusoria
mi fantasía inquieta
sus recuerdos evoca y entonces
sus vagos perfiles tu imagen proyecta;

y en los contornos suaves
de la gentil presencia
todo el mágico encanto adivino
de una incomparable soñada princesa.

PRIMER AMOR

Yo era feliz: a la ilusión abierta
el alma en flor y desbordando vida
entraba ya de juventud florida
por la risueña y encantada puerta.

Era el instante del amor: despierta
el alma al eco
de una voz sentida,
se estremecía de pasión henchida
y adivinaba su esperanza cierta.

En primavera el corazón, con ansia
y sed de amar,
a una mujer di ciego de amor primero
la primer fragancia,

y hallé la gloria entre sus brazos luego...
Atrás quedóse mi perdida infancia
¡y aún hoy me quema de ese amor el fuego!

EL CORAZÓN VENDIDO

(Cuento de Catulo Méndez)

Frenéticos aplausos resonaron
tras el brindis gracioso del postrero
bravo improvisador. El burbujeante
champagne se agitó dorado y pérfido
en las copas bohemias, levantadas
por manos temblorosas. El contento
irradió en los semblantes demacrados
de aquellos soñadores sempiternos,
y Cora, como nunca encantadora,
presidiendo el festín desde su asiento,
sonrió como una diosa satisfecha
mostrando en su sonrisa abierto un cielo.
—¿Quién eres? —preguntóla al verla, ansioso,
Astul, el bardo pálido, de versos
esmaltados de mágicos colores,
rozando apenas con sus labios trémulos
los blancos hombros de la cortesana.
Y con tranquilo y reposado acento:
—Soy Cora —respondió—, la bailarina.
Astul le dijo entonces con más fuego:
—¿Quieres, ¡oh niña!, el corazón brindarme?
—Mi corazón se vende, caballero,
no se le obtiene gratis —contestó ella,
con orgullo y cinismo, sacudiendo
su cabeza de reina coronada
de brillantes de fúlgidos reflejos.

El pálido poeta a ella inclinóse
y en su aterciopelada capa envuelto,
se alejó del festín, erguido y grave,
y silencioso y taciturno a un tiempo.

178

II

Dos años transcurrieron desde entonces;
dos luengos años de inclemencias hartos,
durante los que sólo el infortunio
y el frío la buhardilla visitaron
del pálido poeta, el de los versos
de mágicos colores esmaltados.

Y una noche de invierno tempestuosa
tomó su capa y dirigióse rápido
al lugar de la orgía, en cuya mesa
pensaba hallar a Cora. Y no fue en vano,
porque la cortesana, allí en efecto,
estaba, con su ebúrneo y fresco brazo
el cuello acariciando locamente
de Eugenio Roch, imbécil millonario.

—¿Quieres tu corazón brindarme, niña? —
dijo el poeta con acento blando,
como el suspiro de una mariposa
enamorada de la luz de un astro.

—Llegas ya tarde, porque lo he vendido —
repuso Cora, de placer soltando
alegres carcajadas. —Mira el precio —
añadió señalando con la mano
un estuche
que el millonario imbécil le ofrecía.

Astul le hizo un saludo y, embozado
en su aterciopelada capa oscura,
abandonó el festín y paso a paso,
mudo como una sombra, retiróse
sintiendo el corazón hecho pedazos.

III

Otros dos años transcurrieron luego:
la fortuna y la gloria una corona

tejieron de esplendor para la frente
del bardo Astul, de musa soñadora
y de esmaltados versos.

Fue una noche,
inolvidable noche bulliciosa
de triunfo y de placer, cuando el poeta
y la risueña bailarina Cora
en la mesa volvieron a sentarse
de espléndido festín.

Ella, graciosa,
acercósele entonces y, mirándole
con la suave ternura que desbordan
sus ojos brilladores como estrellas
que parecen diamantes de Golconda,
osó decirle con susurro leve
mientras al rostro su rubor asoma:

—¡Dulce poeta, ¿me amas todavía?!
Él apuró sin responder la copa.
—¿Quieres aún mi corazón?, ¿lo quieres? —
con cierta timidez insistió Cora.

—¡¿Tu corazón?! —le contestó el poeta,
con amarga sonrisa desdeñosa—:
¿Acaso ya tu corazón es tuyo?
Un corazón vendido ya no torna
a ser libre jamás...

Y su brazo ofreciendo a una hermosísima
mingreliana divina como diosa,
Astul, el bardo pálido, dichoso,
abandonó el festín lleno de gloria.

A UNA COQUETA

Te admiro y te desprecio a un tiempo mismo,
yo no podría amarte aunque quisiera:
hay en ti la perfidia de un abismo
y la dulce atracción de una hechicera.

Nacida para el bien, vives la vida
del que en hacer el daño se complace;
y hoy tu alma es un alma envilecida,
tu mismo corazón infeliz te hace.

Y eres joven y hermosa: son tus galas
de las que el hombre admira de amor lleno;
pero ¡ay de ti! que al agitar tus alas,
tus alas de ángel han tocado el cieno.

Como la antigua Circe, caprichosa,
trasformas y esclavizas tus amantes;
luego la fiebre del amor te acosa
y, como no amas, los desprecias antes.

Del alma desconoces la ternura;
vives de las ficciones y el amaño:
la dicha ofreces para dar tortura,
y tú misma te engañas con tu engaño.

Seducir nada más: ese es tu lema;
malgastas ¡ay! del corazón el oro;
y ostentas de la virgen la diadema
cuando perdido tienes ya el decoro.

Tu vanidad adula el ver rendidos
ante tus plantas mil adoradores,
todos pensando que te son queridos,
por ti muriendo con placer de amores.

He aquí por qué te admiro: el don tú tienes
de fascinar como adorable maga
para ceñir a tus radiosas sienes
de un nuevo triunfo el oropel que embriaga.

Y un goce tienes, además, no escaso,
que llena el gran vacío de tu pecho:
el de amargar la dicha en tu regazo,
el de verter ponzoña en tu despecho.

Del amor no conoces más que el nombre,
y con su santo nombre, inicua, juegas:
haces con él un Arlequín del hombre,
y de la farsa al carnaval te entregas.

Y el amor que podría redimirte
y con su pura esencia sublimarte,
sólo puede en el vicio ver hundirte
y en la abyección que te hallas contemplarte.

Por eso te desprecio: porque impía
te arrastras en el cieno y cieno ofreces;
y tu conciencia manchas noche y día,
y el amor de las almas escarneces.

Con apariencia de ángel, tu cinismo
se escuda tras un manto de pureza,
como se esconde el traicionero abismo
tras el follaje verde y la maleza.

Pero yo te conozco y puedo ufano
reír ante el peligro: sé tus mañas;
tu esfuerzo contra mí se estrella en vano:
me deslumbras tal vez, mas no me engañas.

¡Y qué será de ti cuando azaroso
el tiempo venga y tu beldad destruya,
cuando se acabe tu presente hermoso,

cuando, infeliz, hasta tu sombra te huya!

Tu vida, al contemplar, hoy lisonjera,
tus desventuras y tu fin preveo:
tú no conoces el amor siquiera;
y sientes como Tántalo el deseo
que el ansia aguza y que saciar no espera:
tu tormento será el de Prometeo...
¡y encadenada en tu desierta roca,
o meretriz serás o triste loca!

FOTOGRAFÍAS AL NATURAL

I

A los que lean

Los que buscáis en todo la hermosura
y sobre todo en la mujer, la bella
mitad de nuestra vida, que en su huella
efluvios vierte de fragancia pura;

escoged sin pasión y con cordura
la que os parezca la mejor: la estrella
que luz del cielo en su mirar destella
y es acabada en gracia y en figura.

Escoged... que tenéis a vuestros ojos
un grupo de las hijas de este suelo
fotografiadas con placer y calma;
¡escoged!... realizad vuestros antojos,
y a la que sea el sin igual modelo
a esa rendid por su beldad la palma!

II

C.R.

Es majestuosa, clásica, imponente,
cual mexicana dalia rozagante:
de tentadora maga su semblante
ya pensativo a veces, ya sonriente.

Su talle es como palma del oriente,
gentil y cimbreadora y elegante:
nació para triunfar, y fascinante
huellas deja en la entusiasta mente.

Su mágica apostura rinde el alma,

y al par que ardiente admiración inspira
roba también del corazón la calma;

porque en sus ojos do el amor chispea,
hay un mundo de sueños que la lira
¡inútilmente traducir desea!

III

C.M.

Es diminuta, dulce y hechicera:
de negros ojos y mirada viva;
despreocupada, franca y expresiva,
de antílope el andar por lo ligera;

parece que en París nacido hubiera
al notar el esprit con que cautiva:
es tierna cual temblante sensitiva
y amable como el mismo amor lo fuera.

De gracia y donosura es un tesoro:
nadie como ella atrae en dulce anhelo
a deliciosa red los corazones:

de Eros merece el incesante coro,
y un ángel es que pasa por el suelo
¡recibiendo al pasar mil oraciones!

IV

L.C.

Blanca su tez como la nieve pura,
forma contraste con sus negros ojos,
sus labios frescos, palpitantes, rojos
y su luciente cabellera oscura.

Es un ángel de púdica hermosura
que hace postrarse el corazón de hinojos
y olvidar de la vida los enojos

y pensar solo en la eternal ventura.

Miradla si sonríe placentera
cómo encanta y seduce como un hada;
miradla qué divina y qué hechicera
¡parece en sus ensueños extasiada!
Pero no os fiéis: que puede el alma entera
robaros con la luz de una mirada.

VI

F.M.

Sincera, espiritual como ninguna:
prende las almas con fulgor que no arde;
y no hace de sus triunfos necio alarde
porque a su encanto la modestia aduna.

Es el lirio gentil de la laguna
bañado por el rayo de la tarde:
lampo de nácar de perfil cobarde
idealizado por la casta luna.

Bien hecha, delineada con maestría;
negro lunar junto a su boca impreso
sus facciones y gracias abrillanta:

¡Se presiente de su alma la ambrosía
y hace soñar con la ilusión de un beso
sobre el lunar que en su mejilla encanta!

VII

L.R.

De mórbida belleza que enamora,
es un conjunto encantador y bello:
ebúrneo el brazo, alabastrino el cuello,
seno turgente, boca seductora.

La claridad de la risueña aurora

luce en sus ojos su primer destello;
y el marco de su undívago cabello
de sus hechizos la beldad decora.

Cutis de rosa y cuerpo de azucena,
su sonrisa es un iris: aéreo nido
donde la dicha embriaga y enajena.

La encarnación de un sueño indefinido,
que una mujer parece y es sirena:
¡es una dulce aliada de Cupido!

VIII

M.R.

Tipo de la belleza americana:
al verla tan galana y tan hermosa,
más que mujer, diríase que es diosa
que en competir con la mujer se afana.

Sus labios son de ardiente mingreliana
donde palpita el beso y miel rebosa:
sus ojos son dos soles: luz radiosa
y fuego celestial de ellos emana.

Su modelado rostro, por su estilo
y corrección de líneas, es trasunto
de la Venus artística de Milo.

Cuando mira, en las almas amanece;
y por su magia y seductor conjunto
¡morar en el Olimpo, eso merece!

IX

E.O.

Dio a su color el sol del meridiano
el brillo de una perla de Basora;
y la gracia le dio con que enamora,

con que seduce el corazón humano.

Es óvalo su rostro soberano
que una expresión bellísima atesora,
es franca y es jovial y es decidora,
impresionable y de sentir lozano.

Sus negros, grandes y lucientes ojos
lanzan el rayo que en las almas prende
el fuego de la dicha más suprema;

aniquila del alma los enojos:
a un mundo de placeres nos asciende;
¡y toda en su conjunto es un poema!

XI

J.O.

De sílfide su talle; el paso leve;
su sonrisa apacible; su mirada
con la expresión ternísima de un hada:
todo en ella agradable y que conmueve.

Fisonomía delicada y breve,
pero ática también y perfilada:
cuello de cisne, frente modelada,
mano gentil y cutis rosa y nieve.

Parece que a su lado van risueños
los intangibles silfos respirando
el aura perfumada de los sueños:
tiene de las ondinas la figura:
y es un conjunto melodioso y blando
¡de inefables deliquios de ternura!

XII

L.E.C.

Flor en capullo que a la luz risueña

del alba embalsamada de la vida
sus pétalos entreabre enternecida
como quien algo vaporoso sueña:

Es graciosa y amable y halagüeña,
para encantar y seducir nacida:
estrella de los cielos desprendida
que luz del cielo al irradiar enseña.

A su adorable hechizo que enamora,
que ya despunta con celeste brillo,
sólo le falta el nimbo reluciente,

para ser, por la magia que atesora,
desprendida de un cuadro de Murillo
¡una virgen purísima y sonriente!

XIII

A las que faltan

No os resintáis vosotras, las que acaso,
ansias sintiendo de inquietud secreta,
buscáis y no encontráis vuestra silueta
en esta galería del Parnaso.

No os resintáis; ni por tan cruel fracaso
la culpa echéis al infeliz poeta
que en su alma vuestras gracias interpreta,
mas que no puede remediar el caso.

Pues falta su paleta de colores,
no puede ya copiar vuestros encantos,
por más que tal vez sean los mejores.

Pero un desquite os queda con despejo:
para admirar vuestros hechizos tantos
os basta... ¡contemplaros a un espejo!

TU AMOR Y EL MÍO

¡No! tú no puedes comprender mi alma
profunda y tempestuosa como el mar:
tú te equivocas al juzgar mi calma,
¡tú no me puedes con delirio amar!

Tú piensas que el amor es un poema
de apacibles deliquios de placer;
cielo sin nubes; lampo que no quema,
ensueño seductor de una mujer.

Y yo pretendo que el amor es llama
que abrasa con su luz el corazón;
tromba del alma, tormentoso drama,
estallido supremo de pasión.

Los dos formamos un contraste eterno
y no podemos coincidir jamás:
"yo con mis penas visité el infierno",
¡tú has vivido en el cielo nada más!

Tú eres paloma que su arrullo exhala
sobre su nido en compasado son;
y yo, cóndor que desplegando el ala
ansía subir sobre la azul región.

En vano a tu ternura loco aspiro
y en vano es que me quieras tú también:
no es tu amor el amor porque deliro
ni mi amor es tu amor: sábelo bien.

"Yo nací en la borrasca" y puedo el rayo
con sus terribles iras desafiar;
y tú no puedes sin sentir desmayo
sus pavorosos ecos escuchar.

Tú amas, mujer, con el bendito anhelo
con que ama aquí en la tierra una mujer;
con un amor, emanación del cielo...
¡y yo, si es que amo, necesito arder!

He aquí por qué tu amor juzgo quimera:
no se pueden juntar grito y rumor:
"yo rujo en mi pasión como la fiera"
y tú perfumas cual virgínea flor.

No hay paridad entre los dos: destino
diferente nos toca que seguir:
tú tienes entre alcores tu camino
y yo por asperezas tengo que ir.

Déjame, pues, por mi sendero a solas
con mi escabrosa suerte batallar:
no te conmuevan de mi amor las olas,
¡yo necesito rocas como el mar!

Goza tranquila en inefable calma
con el ensueño de oro del placer:
no lleguen nunca a perturbar tu alma
las roncas tempestades de mi ser.

VEINTICINCO AÑOS

Heme aquí en pleno alcázar de la vida:
de la alma juventud con la diadema
de ardiente resplandor la sien ceñida:

en el cenit de la ventura extrema,
en el oasis divino a cuya sombra
de dicha el corazón goza un poema.

¡Heme aquí en esa edad que no se nombra
porque nombre no tiene lo que encanta,
lo que embelesa y a la vez asombra!

¡Qué hermosos horizontes! ¡Cómo canta
de la esperanza el ave lisonjera
al sol que entre arreboles se levanta!

¡Cómo brilla ese sol! ¡Su luz genera
yo no sé qué espejismos y placeres,
yo no sé qué emoción que regenera!

El campo enflora y engalana Ceres;
y entre umbrías florestas o en alcores
un cielo nos presagian las mujeres.

¡Oh bendita estación de los amores!
¡Y cómo en su santuario olvida el pecho
sus ya pasadas cuitas y dolores!

¡Cuál respira ese ambiente satisfecho
y compendia en un beso y un abrazo
el fin del mundo para el hombre hecho!

¡Y cuál dos vidas junta en dulce lazo
para formar con ellas sólo una

en el nido feliz de su regazo!

¡Oh venturosa edad que al ansia aduna
de las caricias y el amor, el ansia
de la gloria también y la fortuna!

Cual divino tesoro de fragancia
vierte de los ensueños el hechizo
y delicioso néctar nos escancia.

El pensamiento plácido, indeciso,
entre floridos huertos se recrea
y la vida simula un paraíso.

En su ala de relámpago la idea
se remonta fugaz tras lo futuro
que ya entre blancas brumas centellea.

¡Qué entusiasmo tan vívido y tan puro
invade nuestro espíritu que el velo
entreabre al porvenir con un conjuro!

¡Qué aspiración tan honda! ¡Cuánto anhelo
llena con avidez la fantasía
errante por los cármenes del cielo!

Eterno manantial de poesía
donde la inspiración boga serena
entre oleadas de luz y de armonía;

cuanto de bello existe, alado suena
y halaga el corazón que, palpitante,
se estremece de dicha y se enajena.

¡Hora de bendición! ¡Supremo instante
en que todo convida a la locura
y al frenesí de la ilusión brillante!

El dosel de los astros en la altura,
en el espacio claridad y calma,
en la tierra el amor y la hermosura.

¡Cuál se mece el follaje de la palma!
¡Cómo esparcen las flores su perfume,
y cómo brotan músicas del alma!

Encantadora edad en que resume
la vida sus deliquios más extraños
y en éxtasis dulcísimo se sume.

¡Ya estoy bajo su égida! Y aunque ruda
brame la tempestad, los desengaños
del mundo hoy no los temo, pues me escuda
el manto azul de veinticinco años
¡y el alma mía su esplendor saluda!

HIMNO DE GUERRA

(Juticalpa, febrero de 1893)

CORO

¡Compatriotas! la suerte de Honduras
hoy se salva o se acaba de hundir:
ya no más despotismo y torturas:
es preciso triunfar o morir.

Levantemos altivos la frente;
ya no más en vil ocio sumidos
pasto seamos de crueles bandidos
que nos roben fortuna y honor.
Agrupados en grupo grandioso
ante el sacro pendón de una idea,
nuestra sola divisa que sea:
¡guerra a muerte al tirano opresor!

Harto tiempo hemos visto impasibles
de la Patria los fueros sagrados
con escarnio y baldón profanados
sin tal mengua poder evitar.
Harto tiempo que, esclavos sumisos,
aherrojados a estúpido yugo,
contra nos hemos visto al verdugo
nuestra vida y derechos hollar.

Harto tiempo hemos visto humillados
la ignominia en el solio sentarse
y en las ruinas del pueblo cebarse
y en su llanto apurar el placer.
Harto tiempo que, heridos de pena,
entre angustias de horrible agonía
nuestra suerte es la suerte sombría
de alentar en la infamia o no ser.

Que terminen al punto es preciso
tanto escándalo y bárbaro duelo,
y que tale el furor nuestro suelo
o que libres nos veamos vivir.
Tolerar no es posible más tiempo
que el ultraje sangriento nos hiera:
¡que retiemble el espacio y doquiera
combatientes se miren surgir!

Arma al hombro, a la lucha volemos
y en reñidas gloriosas batallas,
entre nubes de polvo y metrallas,
paso se abra triunfante a la luz.
¡A la lid!... y en combates de muerte
hacinemos estragos y horrores:
¡guerra a muerte a los viles traidores
que a la Patria enclavaron en cruz!

No haya paz, sólo guerra sin tregua
hasta al fin conquistar la victoria:
si morimos, muramos con gloria
que es sagrado morir con honor.
¡Guerra, guerra que estalle terrible
desde la ardua montaña al abismo:
guerra, guerra al atroz vandalismo,
guerra a muerte al tirano opresor!

CORO

¡Compatriotas! la suerte de Honduras
hoy se salva o se acaba de hundir:
ya no más despotismo y torturas:
es preciso triunfar o morir.

ADIÓS

Si el astro rey de libertad se apaga,
que da a las almas del honor la vida;
si se eclipsa tu sol, Patria querida,
y sucede a la luz la noche aciaga;

si el crimen prevalece y se propaga
su influencia corruptora y corrompida;
si en ti tan sólo el desconcierto anida
y el exterminio a la honradez amaga;

si todo ha muerto en ti; si ya ni aliento
de incorporarte en tu desdicha tienes
y está tu suelo para mí maldito;

yo de ti, Patria, a mi pesar me ausento,
y hasta que luzca en tus radiosas sienes
la augusta libertad, ¡seré proscrito!

POBRE HONDURAS

(Nicaragua, 1893).

¡Pobre Honduras!, juguete de un tirano
que te veja, te ultraja, te abomina,
y a más de deshonrarte te asesina
¡como cobarde, con puñal en mano!

¡Pobre Honduras! vergel americano,
hoy convertido en una vasta ruina,
donde la furia del terror domina
¡y donde el crimen se pasea ufano!

¡Pobre Honduras! ayer bendito asilo
de libres nada más: tierra hoy de esclavos,
¡donde la horrible tiranía alienta!

Mas no puede en el solio estar tranquilo
el monstruo que te oprime; ¡porque bravos
sus leales hijos vengarán tu afrenta!

EL PENSAMIENTO LIBRE

Hay algo que no puede el despotismo
encadenar ni someter a un yugo;
algo que, grande, como a Dios le plugo,
persiste siempre hasta en el hondo abismo.

Algo que estoico en el cadalso mismo
protesta contra el bárbaro verdugo;
algo que, inmenso como el genio de Hugo,
nunca dobla su frente al servilismo.

Algo que no derrumba el sufrimiento;
que ante el furor del mundo no flaquea
ni ante la tempestad pierde su calma:

ese algo es el titán del pensamiento
que libre siempre, alumbra y centellea
¡como astro de oro en el azul del alma!

NIEBLA

Sediento y fatigado en el desierto
el viajador camina y más se afana
por acercarse al oasis, cuando insana
la furia del simún le deja muerto.

El náufrago del mar, próximo al puerto,
se lanza en pos de una esperanza vana
y ya entre angustias la ribera gana
cuando se esconde entre las olas, yerto.

¡Sarcasmo del destino! El alma mía
del mundo en el erial busca una palma,
de la vida en el mar refugio ansía;

es viajera también: busca la calma;
¡mas ay si ruge el huracán un día!
¡Ay, si se hunde el bajel! ¡Pobre mi alma!

SOBRE LAS OLAS
(Nicaragua, 1893)

Sobre las olas del dormido lago,
rizando estelas con su quilla suave,
camina en alas del vapor la nave
cual si la guiara el talismán de un mago.

De su vaivén al voluptuoso halago
tranquilo voy, y como vuela un ave,
mi pensamiento, que espaciarse sabe,
flota en las brumas del ensueño vago.

Y mientras tanto, sin cesar delante,
la embarcación con placidez avanza
dejando el puerto más y más distante,

mi fantasía, que a soñar se lanza,
del lago azul de su ilusión brillante
ni ve la orilla ni su fin alcanza.

A VISTA DEL MOMOTOMBO

Coloso formidable que, imponente,
tu destrozada cúpula levantas,
mientras sientes rugir bajo tus plantas
el fuego que te abraza eternamente.

Gigantesco titán de hórrida frente,
que admiración infundes y que espantas:
tu grandeza inmortal tú la decantas;
tu olímpico poder bien se presiente.

Eres símbolo inmenso de esa idea
majestuosa y sublime que se expande
y en el humano espíritu aletea:

la ambición desmedida que a la roca
sujeta a Prometeo: ¡idea grande
que aun humillada hasta los cielos toca!

EL MEJOR CANTO

Una tarde, la novia de mi alma,
la virgen de mi amor, mi amada tierna,
con voz, como de un arpa el dulce acorde,
me dijo, pensativa al par que ingenua:
—Pálido soñador que amas lo exótico
y la nostalgia abrumadora llevas
del país de la nieve y de las brumas,
poblado de fantásticas leyendas:
recítame uno de esos tristes cantos
que la ansiedad y la pasión revelan,
de rubias y bellísimas mujeres
cautivas en obscuras fortalezas,
y de donceles nobles y gallardos
que, al son de su laúd, en triste endecha,
a la luz de los astros que tutelares
en altas horas de la noche quieta,
sus amores les cantan, inspirados,
bajo el balcón de las caladas rejas.

Unísona vibraba en nuestros pechos
la aurora de la vida placentera,
y la brisa llegaba hasta nosotros,
de aromas rica y de rumores llena,
como cantando, con su ritmo alado,
de la magna y gentil naturaleza
del trópico encendido, los albores
de la ya rozagante Primavera.

Las naranjas en flor del parque umbroso
daban discreto asilo a las parleras
aves canoras de pintadas plumas;
y en el inmenso azul, en la serena
limpidez de zafir, cual lirios de oro
temblorosas surgían las estrellas,
en tanto que, a lo lejos, sobre el lago

de aguas dormidas y de calma tersa,
con roja luz, desde su ocaso regio,
lanzaba el sol su claridad postrera.

Con sus ojos, tan grandes como azules,
clavados en los míos con fijeza,
y con sus rubios, destrenzados bucles
sobre sus hombros de nevada seda,
allí, a mi lado, en tan dichosa tarde
de sueños y de amor —¡quién lo creyera!—
me parecía, al verla, enajenado,
entre la mate opacidad de perla,
una de aquellas rubias hermosísimas
cautivas en obscuras fortalezas,
a quienes nobles y garridos mozos,
al son de su laúd, en triste endecha,
a la luz de los astros que titilan
en altas horas de la noche quieta,
cantaban, inspirados, sus amores
bajo el balcón de las caladas rejas.

Yo la miré extasiado: entre las mías
sus manos de alabastro cogí, trémulas;
y con ansiedad, convulso y delirante,
llevé a sus labios —do el amor se acendra—
los míos, de pasión enardecidos,
donde, como en un cáliz de pureza,
los besos que dormían, despertaron,
para aletear sobre los besos de ella.

La misteriosa noche, poco a poco,
nos fue cubriendo con sus alas negras:
el mundo se perdió a nuestras miradas,
el cielo mismo descendió a la tierra...
Y ya no me pidió romances tristes
de donceles y rubias prisioneras,
la dulcísima novia de mi alma,
¡la virgen de mi amor, mi amada tierna!

EL ARTE

(Canto sueco)

Era una noche de invierno fría:
silbaba el viento, cruel, punzador,
y allá del bosque, cual sombra impía,
a su cabaña Guemar volvía,
transida el alma por el dolor.

¡Desventurado! Para sus hijos
es, ¡ay!, forzoso cocer el pan;
mas de su albergue los escondrijos
en vano husmea con ojos fijos:
trigo ni harina halla en su afán.

Dos pobres niños de rostros pálidos
a él se dirigen: —Padre, ¡por Dios!
un pan siquiera danos, que escuálidos
y temblorosos, y casi inválidos,
nos va faltando de hambre la voz.

—No tengo nada —dice, y se agita
el desdichado, pues no halla qué—;
la providencia de Dios bendita
sabrá ampararnos: en su infinita
misericordia tengamos fe.

—Cuando en su negra caja llevaron
a nuestra madre del corazón,
y allá en el valle la sepultaron,
junto a la iglesia do le rezaron
los ermitaños una oración;

un pan nos diste, Padre querido,
mojado en lágrimas todito él:
¡ay!, dinos, Padre, ¿no has conseguido?,

¿desde aquel día no hemos comido?
¿era el pan último acaso aquél?

—¡Ay, hijos míos! no tengo nada;
no me es posible daros ya un pan...
Y en su semblante, que se anonada,
la horrible angustia se ve pintada,
mientras que gime con hondo afán.

¡Que el alto cielo piadoso quiera
a nuestras penas poner un fin;
y ojalá pronto la luz primera
en calma os halle tan lisonjera
que hambre ni frío podáis sentir!

Y descolgando, con inseguro
nervioso tacto, de la pared
su arpa armoniosa, como un conjuro,
vierte un torrente de notas puro
que inunda el viento como un tropel.

Los pobres niños ya no suspiran:
de los acordes del arpa al son,
sus rostros pálidos bellos se miran,
y placenteros, casi deliran,
relampagueantes por la emoción.

El padre inclina la frente a un lado,
su amargo llanto por no mostrar,
y en su despecho, que es simulado,
esfuerzos hace, desesperado,
sus sufrimientos por ocultar.

Música alegre, trémulo, toca
mientras los niños bailan también,
y tanto bailan que, en ansia loca,
fiebre en los ojos, fiebre en la boca,
por el cansancio dormidos se ven.

Junto al humilde lecho de paja
donde los niños duermen al fin,
como cubiertos en su mortaja,
el triste padre, con voz muy baja,
exclama lleno de penas mil:

—¡Oh tú, Dios, que eres el alma inmensa
de los que sufren, líbralos ya!
Y Dios lo escucha: lívida, intensa,
cubre a los niños la sombra densa
¡y no más vuelven a despertar!

EL ALMA EN PRIMAVERA

En el azul celeste de mi alma,
donde irradiaban puras las estrellas
como flores de lis de áureos reflejos,
y la luna, esa pálida princesa
que en su góndola boga, parecía
derramar con su luz llanto de perlas;

y el éter, silencioso y transparente,
nubes de nácar y ópalo, ligeras,
surcaban apacibles, como sueños
que se esfuman y pierden en la niebla...

En ese campo azul, vago y tranquilo,
palio que cubre de la edad primera
el tesoro castísimo, inefable,
que forma un Paraíso de la tierra:
mundo encantado de batir de alas,
dulcísimo perfume de violetas,
rumoreos de nido y de follajes,
visiones cual de vírgenes angélicas
y cadenciosos, rítmicos latidos
del corazón que, como un arpa, tiembla...

En ese lago de zafiros, donde
el pensamiento plácido navega
sin objeto ni fin, como perdido
tras yo no sé qué idealidad excelsa
de mágicos destellos... de improviso,
como explosión flamígera y sidérea
de claridades y esplendores de orto,
que en vivos lampos inflamó la esfera
y en róseas tintas coloreó el espacio,
extendiendo su clámide auri-espléndida,
de un nuevo sol la refulgente aurora

sonriente apareció, cual si surgiera
una nueva creación dentro del alma...
Y entonaron sus líricas endechas
las aves de los bosques; susurrante
la brisa discurrió por la floresta,
arrullos despertando entre los nidos;
entreabrieron sus pétalos de seda
las flores del vergel, como extasiadas,
enviándose unas a otras, tremulentas,
sus besos en perfume; gotas de iris
temblaron, cintilantes, en la yerba;
"los impalpables átomos del aire",
como encendidos por la lumbre regia,
cual diamantinas chispas, abejearon;

y la sangre, corriendo entre las venas,
cual si de presto se trocara en lava,
enardecida por la llama intensa
de aquel astro con rayos de topacio,
rebosando de savia y vida nueva,
del corazón al corazón fluía,

que a la embriaguez de la ilusión primera,
feliz, enajenado y palpitante,
se despertó por fin. ¡Hora suprema
de encanto y bendición! Mi mente loca,
cobrando alas, vigor y rauda fuerza,
como águila caudal, alzó su vuelo
y remontóse a la región eterna
de donde manan todos los deliquios,
la sacra inspiración de los poetas,
el temblor musical de los arpegios,
los azulados sueños que enajenan
y todo lo que, ardiente o fascinante,
de sin igual dulzura el alma anega.

De aquel sol, a los rayos brilladores,
transformóse mi ser: mi vida entera
se abrasó con su luz; dentro mi alma

se abrieron perspectivas halagüeñas
y, dentro el corazón entusiasmado,
en brotes de inmortales florescencias,
luminosas y aladas rebulleron
miríadas de ilusiones hechiceras;

y sentí, estremecido, levantarse
dentro de mí, como en ardiente hoguera,
deseos no sentidos, ignorados,
ansias desconocidas y secretas,
toda la sed de la pasión, la fiebre,
la fiebre del placer, que audaz y férvida
inundó mi cabeza de espejismos
y trastornó de sueños mi cabeza...

¡Ah! yo anhelaba entonces, con locura,
en ansiedad de goces nunca llena,
para encantar el yermo de mi vida,
de dichas y de glorias un poema:

el ánfora divina de los dioses,
colmada de ambrosías y de néctar;
del insondable amor nunca agotado,
la fuente cristalina y siempre tersa;
torrentes de placeres y dulzuras,
oleadas de efusiones sempiternas;

y para colmo del ardiente vértigo
que consumía mi existencia entera,
un cáliz desbordado e inacabable
de inmortales delicias y ternezas,
de suspiros, de lágrimas y besos,
de caricias celestes y supremas,
de efluvios de fragancias exquisitas
¡cual de ángeles errando por la tierra!

¿Qué sol era aquel sol que así esplendía
en mitad de mi vida antes serena?
¿Qué sol era aquel sol que, de repente,

me deslumbraba con su lumbre espléndida?
¿Qué sol era aquel sol? Era el divino,
dorado sol que, al irradiar, incendia
el joven corazón, y a cuyo influjo
brota el amor, que con su cauda regia,
por el cielo del alma, como un bólido
atraviesa fugaz y centellea:
era el sol germinal de los amores,
que al despuntar la juventud risueña,
a su alcázar venía, porque el alma
exuberante estaba en primavera.

TOQUES

¡Si no sabía pintar! Jamás su mano,
mojando en los colores la paleta,
supo trazar, con fantasía inquieta,
los contornos de un cuadro soberano.

¡Si no tenía inspiración! Si en vano
fuera pedirle la intuición secreta
que tiene en sus delirios el poeta;
porque él no era un artista: ¡era artesano!

Pero una vez, en su existencia obscura,
flechó su corazón una hermosura;
tomó el pincel y delineó su hechizo;

para cantarla hizo vibrar la lira;
y desde aquel instante —no es mentira—
¡prodigio del amor! ¡artista se hizo!

ESTROFAS

(Leídas en el cementerio y consagradas a la memoria del doctor don
Ramón Reyes. Abril 25 de 1894).

¡En las épicas luchas de la vida
hay gladiadores que jamás la suerte
consigue doblegar con su embestida,
e inconmovibles, cual montaña erguida,
sólo ceden al golpe de la muerte!

¡De esos fue Ramón Reyes: el austero
propagandista de la libre idea,
que, incorruptible, pensador, severo,
fue mentor, fue tribuno y fue guerrero!

¡Con fe de apóstol que jamás desmaya,
de la humana razón entró en las lides
y libró del progreso la batalla,
aplastando en su paso a la canalla
con la pujanza de un moderno Alcides!

¡Cómo olvidar jamás, nuestra memoria,
de aquella águila altiva el libre vuelo
que escaló el trono de la excelsa gloria
y en las páginas limpias de su historia
de su grandeza nos dejó el modelo!

Talento de irisados resplandores,
honra fue de las letras y el Parnaso;
corazón bondadoso, urna de flores
vertió con su sentir; y entre esplendores,
astro auroral, le sorprendió el ocaso.

¡Fatalidad, fatalidad impía,
que su furor contra lo grande esgrime

y pretende apagar la luz del día,
abatió al joven que tal vez sería
faro del pueblo, el hombre rey sublime!

De aquella vida que esplendió brillante
con claridades de orto, los despojos
nos quedan nada más; y en este instante
le ofrendamos aquí, mustio el semblante,
las lágrimas que brotan de los ojos.

¿Qué más deciros de él? ¡Triple corona
le consagra el recuerdo en sus anales!
La virtud como grande le pregona,
y a lo sabio, lo heroico se eslabona
ciñéndole sus lauros inmortales.

¡Descanse en paz su espíritu divino
mientras sus restos el sepulcro encierra!
Él cumplió como bueno su destino,
y aunque rápido y corto su camino,
¡pasó como un titán sobre la tierra!

HOJAS SECAS

Del arpa con que arrullo mis dolores
cuando la tempestad con sus furores
me arranca de improviso una ilusión,
me pides para tu álbum una nota,
y envuelta en brumas de nostalgia brota
mi trémula y pálida canción.

Hay en el fondo de mi triste vida
un lago de amargura comprimida
en donde flota náufrago mi ser.
Hay en la noche trágica de mi alma
una blanca visión que surge en calma
y sollozante vuélvese a esconder.

Hay en mi corazón árido y seco
la adormecida vibración de un eco
que parece la queja de un laúd.
Siento dentro de mí, como un arcano
que inútilmente en resolver me afano,
yo no sé qué recóndita inquietud.

La gris melancolía me rodea,
que apaga en sus relámpagos la idea
y anubla mis ensueños de pesar.
Llevo sobre la frente vacilante
un nimbo de tristezas abrumante
que me hace en mis deliquios desmayar.

El amor con su mágico espejismo
se apaga ante la esfinge del mutismo
que entre sombras esconde el porvenir.
La antorcha de la fe, brillante y pura,
que en la risueña juventud fulgura,
se eclipsa entre las nubes del sufrir.

Como una flor ideal de cáliz mustio
mi pensamiento se abre y más me angustio
si el desengaño llega a la cortar.
Algo, como un espectro que me oprime,
en mi interior sin esperanza gime
y la visión de mi alma hace brotar.

Y cual rumor terrífico, inclemente,
que repliega las alas de mi mente
y arranca alguna fibra al corazón,
escucho la temblante sinfonía
de una salmodia fúnebre y sombría
que me deja al morir una ilusión.

ARPEGIOS

De todas mis congojas
¿quieres que deje en tu álbum el bosquejo,
para que puedas al mirar sus hojas
encontrar de mi espíritu un reflejo?

¿Te agrada la tristeza
que el alma sume en celestial quebranto
y agobia pensativa la cabeza
al eco arrullador de un flébil canto?

¿Te halaga el desvarío
de un sueño de oro que al nacer se esfuma
como una exhalación en el vacío
y en reflexiones a la mente abruma?

¿Te atrae el sentimiento
de un corazón que en ansiedad suspira
y enamorado le confía al viento
las gemebundas notas de su lira?

¿Te gustan los fulgores
de luz crepuscular, cuando la tarde
decae entre dulcísimos rumores
y se amortaja el sol y apenas arde?

¿Te encanta ver la luna
que, majestuosa, pálida y sublime,
rompe las sombras de la noche bruna
y con su albor melancolía imprime?

¿Te cautiva el latente
lenguaje del dolor universal?
¿Te seduce cuanto ama y cuanto siente?
¿Comprendes las dulzuras de lo ideal?

Pues bien: si eso te agrada,
perdóname que olvide mis congojas,
y en cambio de estos versos que son nada
te deje mi recuerdo en estas hojas.

INFELICIA

I

Se advertía en su rostro pensativo
esa huella imborrable y prematura
que deja el infortunio en los que abriga
con su pañal de sombras en la cuna.

Se advertía en su porte y en sus actos
esa secreta indefinible angustia
que da tinte sombrío a las ideas
y los espacios de la vida anubla.

Se dejaba entrever en su sonrisa,
sarcástico disfraz de la amargura,
yo no sé qué... dijérase que su alma
se sumergía en piélago de brumas.

Se comprendía en su palabra extraña
el eco de sus ansias más ocultas
y el tropel de sus locos pensamientos
acosados sin tregua por la duda.

Se adivinaba en todo su conjunto,
que la desgracia bosquejó fecunda,
la nostalgia terrible de algún astro
condenado a eclipsarse en la penumbra.

Había en realidad algún misterio,
algún arcano de inquietud profunda,
que arrojando contrastes en su espíritu
le destrozaba el corazón con furia.

II

Así lo conocí: de aspecto triste
casi siempre; risueño casi nunca:
forjando en su cerebro mil quimeras,
para infeliz, troncharlas una a una.

Así lo conocí: rodeado siempre
por la prosaica realidad; y en lucha,
en lucha pertinaz por los ideales
que el mundo enloda y destruir procura.

Lo recuerdo muy bien: decepcionado,
eterno visionario; siempre en busca
de la mitad de su alma que faltaba
para integrar la que alentaba trunca.

Anhelando el reposo y no la dicha,
como un proscrito a la humanal fortuna;
y aspirando imposibles y soñando,
soñando siempre con febril locura.

De su romanticismo en la neurosis
¡cuántas veces de su arpa gemebunda
las notas al brotar se entrecortaban
por el sollozo de una pena oculta!

¿Qué suerte le esperaba? No era incierto
augurar cuál sería: en su faz mustia
revelábase el pálido suicida
sonriendo con fruición ante las tumbas.

III

Lo ignoto le atraía: el precipicio,
que abría ante su pie su boca obscura,
le llenaba de vértigos la mente,
le impelía a caer con fuerza ruda.

Como en el mar la tempestad, surgieron

las pasiones en él: copos de espuma
sus sueños de color rizaba una ola
y otra los sepultaba con bravura.

El vicio tentador, la faz risueña,
y en la mano empuñando copa ebúrnea
el engañoso absintio le ofrecía
para aturdir con él sus amarguras.

Y en los festines locos de la orgía,
donde la luz de la razón se turba,
rindió culto al placer de los sentidos
y transformó en bacante su aérea musa.

Amó la realidad de la materia
con el amor sensual; y ante la impura
Mesalina de plásticos contornos
Psychis la espalda le volvió, confusa.

Y fue de entonces semidiós caído
del olímpico trono de su altura,
que abatiendo sus alas por el cieno
se degradaba en la social barahúnda.

IV

Su espíritu infeliz, vivo destello
de flamígera antorcha de luz pura,
velábase entre sombras como un astro
que desciende al ocaso envuelto en brumas.

Flaqueaba su razón; y algunas veces,
cual si estuviera loco, horrible duda,
como áspid se enroscaba a sus ideas
cada vez menos claras y más turbias.

Su pensamiento, claudicando triste,
languidecía en vacilante umbra
o se agitaba en torbellino raudo,
como un espectro que a la vida pugna.

El manicomio odioso, su silueta
proyectaba espantosa pero muda,
y, muerto para el mundo, presagiábale
aún más siniestro horror que el de la tumba.

¡Y pensar, y pensar que su alma ardiente,
águila destrozada en cruenta lucha,
se hundiría bien pronto en la vorágine
de la fatalidad negra y profunda!

¡Oh! era mejor morir, morir cien veces
antes que soportar suerte tan cruda:
resignado sentíase para ello:
era inútil luchar con la fortuna.

Y una mañana gris, como son siempre
las horas del tormento o de la angustia,
contra sus sienes disparando un arma,
despidió al mundo y saludó la altura.

CIENCIA Y ARTE

(Composición leída en la inauguración de La Juventud Hondureña)

Cuando en el vasto campo de la ciencia
o en la esfera magnífica del arte,
entusiasta y febril, con la vehemencia
que su audacia le inspira,
la juventud tremola su estandarte,
enciende como sol su inteligencia,
y ansiosa del laurel de la victoria,
cuyo esplendor aspira,
se apercibe a las justas del talento
y se embriaga de triunfos y de gloria:
es grande su misión, noble su intento:
hay sello que da lustre a su destino;
y merece encontrar en la jornada,
si no el aplauso que le infunda aliento
y acorte su camino,
¡la emulación que le alce de la nada!

La juventud es águila potente
que no ha tendido todavía el vuelo,
pero que puede remontarse al cielo
y en lumbre sideral bañar la frente.
Dadle, aire, luz y espacio: esto es bastante
y la veréis, a impulsos de su anhelo,
ansiosa y arrogante,
escalar de improviso
la cúspide escabrosa y dominante
donde la diosa del saber sus dones
prodiga a los mortales con su hechizo
de magnas y supremas concepciones:
la ilustración radiosa
que todo lo esclarece y dignifica;
el juicio filosófico y profundo

que verdades eternas comunica;
el concepto elevado en que rebosa
la ardiente savia de un ideal fecundo;
la elocuencia sublime que, arrolladora,
su poder imprime,
alma de fuego que estremece el mundo;
la intuición soberana
que al brotar de la sien, asombra el labio;
y, tempestuoso, el verbo de la idea
que en condensar se afana
el pensamiento colosal del sabio
¡que a un tiempo brilla, abrasa y centellea!

Dadle aire, luz y espacio: esto tan solo;
y la veréis, sedienta por lo bello,
levantarse con vuelo soberano
al Olimpo de Apolo,
donde las musas, con astral destello,
vierten sobre las sienes del humano
la incomprensible magia que fascina:
el numen prodigioso
que exalta y llena de entusiasmo el alma
en dulce arrobo, en asunción divina;
el estro indefinible y luminoso
que hace surgir el pensamiento en calma,
flamante, osado, y a la vez hermoso;
la inspiración suprema
que, cual toque de luz, esculpe y quema
y es la sola potencia creadora;
la armonía cadente,
temblante, arrulladora,
que, en diapasón dulcísimo y creciente
su cascada de perlas evapora;

y el ingenio pujante
que a los fulgores del ideal aduna
todo el caudal de un corazón amante
de levantados sentimientos cuna:
para verter su inacabable hechizo,

reflejo sin igual del Paraíso,
del Poeta en las magnas producciones,
en que ora canta, o apostrofa o gime,
del pincel y el buril en las creaciones,
de madonas seráficas trasunto;
o en la gama sublime
del arte musical, que encanta, oprime
y eleva al cielo: ¡seductor conjunto
de aladas y celestes vibraciones!

Allanad su sendero de algún modo
para que pueda ser sobre la tierra
la encarnación de todo
lo que le toca ser: cuanto se encierra
en el abismo oscuro
del misterioso campo del futuro;
cuanto brilla y fulgura,
cuanto de noble y libre se alza grande,
cuanto mira a la altura,
cuanto palpita de inefable y bueno,
cuanto en el mundo del saber se expande,
cuanto del arte en la extensión se agita;
porque la juventud lleva en su seno,
lo mismo que la nube el rayo ardiente,
el ansia por la luz que es infinita
y el germen bendecido,
sublime, indeficiente,
de un porvenir mejor, indefinido;
y por eso es que, ansiosa y con orgullo,
heraldo del progreso se proclama,
une al destino de su patria el suyo
y marcha con tesón, marcha adelante,
presintiendo victoria
y en busca de la fama,
extendiendo a los aires su oriflama:
¡alma de niño y corazón gigante
que arrullada se siente por la gloria!

La ciencia: antorcha que ilumina el mundo,

de la verdad mostrando los arcanos,
es como nuevo Génesis fecundo
que la creación completa;
que engrandece y transforma a los humanos,
que ensancha su horizonte, y su destino
llena de gloria con afán profundo:
pone el rayo flamígero en sus manos
que al capricho de Franklin se sujeta;
hace cruzar el piélago marino
a Cristóbal Colón, nuevo profeta
que de este otro hemisferio abre el camino;
demuestra a Galileo
lo que antes ignoraba Tolomeo,
que la tierra se mueve y que gravita
alrededor del sol, eterno foco
de atracción infinita;
a Fulton, genio que parece loco,
bajo el peso abrumado del talento,
para surcar el mar como lo anhela,
le hace construir el formidable invento
del vapor, esa máquina que vuela;
a Gutenberg revela
de la imprenta el prodigio que aún asombra
y que graba y transmite el pensamiento
de una edad a otra edad; y entre la sombra
va y esparce la luz. La ilustre ciencia
es la que viene transformando al hombre
desde los tristes tiempos del pasado
a la moderna edad; y con su influencia,
la que de gran renombre y de conquistas loables
ha llenado, entre todos los siglos, al presente:
el hombre primitivo que doblaba
su frente a la naturaleza como un paria,
ya no yerra por la selva solitaria
ni es de nada cautivo;
y puede osadamente y con orgullo,
ostentar en sus sienes la corona
que su grandeza olímpica pregona
porque lo creado y cuanto existe es suyo.

Pero mirad el arte;
contemplad las bellezas que resume;
tesoro inagotable que reparte
convertido en esencia y en perfume,
en color, armonía y canto y nota
que hermosamente brota
y llena de esplendores el carmen
de la egregia fantasía
que empapada de luz y poesía
hace estallar el corazón en flores.

El arte es la magnífica presea
que da la humanidad como tributo
de excelsa aspiración: lo que aletea
y sobrenada, en fin, como atributo
de los privilegiados del destino:
Homero con su Ilíada y su Odisea;
Virgilio con su Eneida incomparable;
y Dante el florentino,
con su Infierno, sublime y espantable;
Calderón con la magia de sus dramas;
con su Quijote el Manco de Lepanto;
Lord Byron con sus cruentas ironías,
con su divino canto
y la explosión de su cerebro en llamas;
Lamartine con su acento
de dulces y celestes armonías;
y ese genio titánico, opulento
enemigo inmortal de todo yugo,
universal portento
que se llamó en el mundo ¡Víctor Hugo!

El arte es Miguel Ángel y el Ticiano,
Rafael y Murillo,
que al sol robaron su esplendente brillo
para pintar, con mágicos pinceles,
el contorno extrahumano
de sus cuadros divinos.
Praxiteles

y Fidias y Canova,
modelando en el mármol la figura
radiosa y soberana
de una Venus helénica que arroba;
Benvenuto Cellini
grabando en un botón de filigrana
la inmensa miniatura
de un dios que maravilla.

El gran Rossini,
Meyerbeer, Beethoven y Bellini,
que en sucesión triunfal y polifónica
inundaron el orbe de armonías,
con sus incomparables sinfonías
y con su ritmo y su cadencia eufónica.
El arte es la belleza
como es la ciencia la verdad. El hombre
que busca y ambiciona la grandeza,
la gloria y el renombre,
tan solo en su regazo halla la fuente
¡en cuyas ondas al bañar su frente
del negro olvido ha de salvar su nombre!

La juventud que ahora,
en nuestra patria, altiva se levanta
y a seguir esa senda se adelanta,
es digna de ser grande y triunfadora.
¡Ojalá que en los campos del futuro,
con la luz de la ciencia que atesora
y al influjo del arte, con el puro
sentimiento supremo del civismo,
levantando a su patria del abismo
donde ha sufrido tantas amarguras
por ruines y desleales,
al coronar sus sueños ideales,
entre efusiones puras,
sean sus lauros en honor de Honduras,
recuerdos inmortales
que guardará la historia en sus anales!

BOSQUEJO

(Para un cuadro)

Frente a la verja que el recinto cubre
del extenso arbolado de la quinta,
cuyo paisaje espléndido subyuga
al corazón lo mismo que a la vista;
bella con la hermosura de una sílfide
y espiritual como la gracia misma;
en actitud contemplativa y honda,
en el espacio absortas las pupilas,
y el pensamiento, pájaro invisible
flotando en la región de las delicias;
ved a Cora, la niña de ojos garzos,
de esbeltísimo talle y de faz linda,
que el césped huella con su planta breve,
encantadora cual campestre ninfa.

Miradla en su inefable desvarío
cada vez más hermosa y atractiva;
con su traje blanquísimo de nieve
salpicado de azules florecillas;
a su cintura, con donaire atado,
un listón amplio de color de lila;
sueltos a sus espaldas los cabellos
que ondean a los besos de la brisa;
sobre su sien el sombrerito alado
de pajilla de Italia y plumas gríseas;
y en sus pulidas manos enguantadas
con guantes de sedosa cabritilla,
el abanico rojo con que juega
y al rubí de sus labios aproxima.

Del sol poniente los oblicuos rayos
a través de los árboles cintilan
y un haz de sus madejas luminosas

surca la frente de la dulce niña
y corona el cerquillo de sus bucles
con nimbo de oro que irradiante brilla;
y una paloma que del nido vuela,
no sé si deslumbrada o sorprendida,
creyéndola tal vez inmoble estatua,
en su hombro de cisne se reclina:
en tanto, con hierático respeto,
naturaleza en calma no suspira
y silenciosa ofrece un cuadro vivo
al toque del pincel o de la lira.

ENCAJE

Me agrada el plasticismo de la forma,
la corrección de líneas del trasunto,
la muelle morbidez de los contornos
y el relieve curvado de los músculos;
la frígida expresión de los perfiles
que animados parecen y están mudos;
el tesoro adormido de las gracias
y el nevado candor casto y desnudo;
que en el bloque de mármol transformado
al golpe del cincel, diestro y fecundo,
ostenta la estatuaria en la flamante
radiosa encarnación de un cuerpo ebúrneo:
¡como que tiene la materia tosca
un resplandor de lo divino oculto,
que sorprende la mano del artista
y lo presenta deslumbrante al mundo!

¡Como que existe un fondo de hermosura,
de santidad y sensualismo puro,
que, como alma de todo lo terreno,
emerge alado, incitador efluvio!
¡La armonía que ondula y cabrillea,
acaricia al contacto y tiembla al pulso;
y con su hechizo lánguido que arroba,
tienta al deseo y predispone al culto!

ESTIVAL

En las cálidas horas
de bochornosa siesta,
cuando el sol del estío sus rayos
cual flechas de fuego derrama en la tierra;

sedienta de reposo
y de frescor sedienta,
con el róseo abanico en la falda
y un libro en las manos, quizá una novela;

tendida muellemente
sobre un diván de Persia,
bajo el kiosko que forma el follaje
de acacias tupidas cual gentil glorieta;

está la hermosa niña,
encantadora y regia,
deleitando su espíritu amable
con dulces transportes de lectura amena:

los pájaros en coro
entonan sus endechas
y se agita el boscaje y parece
mágico recinto do vibra una orquesta;

las flores su fragancia
despiden tremulentas
y la brisa en sus giros esparce
lánguidos efluvios, vagas somnolencias;

y la niña entre tanto
caer el libro deja
y entornando los ojos de pronto
parece una inmóvil dormida Julieta;

como intangibles silfos
en bandadas aéreas,
¡oh, qué enjambre de sueños de oro
flotará en su mente tranquila y serena!;
¡qué divinas visiones
de mágicas siluetas
mirará con los ojos del alma
que su bello rostro de dulzura llenan!

Enamorado efebo
que a solas la contempla
y extasiado y absorto la admira
como si un ensueño lo que ve creyera;

abrasado se siente
de una pasión inmensa
e impulsado por ansias febriles
a la hermosa niña temblando se acerca;

y ya en sus rientes labios,
rojos como una fresa,
deposita la gloria de un beso
que deja cual rastro fulgores de estrella;

cuando ella estremecida
de súbito despierta
y al sentir el contacto ardoroso
de aquella caricia que su sangre incendia,

altiva se incorpora
y rauda cual gacela,
ruborosa se va, mientras tanto
también el mancebo se oculta y se aleja.

Como testigo mudo
de toda aquella escena,
la novela ahí queda olvidada,
reliquia inocente de visión siniestra;

y la niña medrosa,
desde entonces no acierta
a volver como ántes al kiosko
de acacias tupidas cual gentil glorieta;

porque en las horas cálidas
de bochornosa siesta,
el ardor del estío combina
lances y aventuras que nadie creyera.

DESEOS

¡Que no puedan mis pálidas canciones
dejar aquí en tu libro irradiaciones
como huellas de luz de un ideal;
para en las noches de apacible calma
iluminar el cielo de tu alma
con el albor de un sueño sideral!

¡Que no puedan dejarte en su armonía
la incomparable, eterna sinfonía
que canta y que suspira el corazón;
para vibrar melíflua en tus oídos
cual la voz sin palabra y sin sonido
que tiene en sus misterios la pasión!

¡Que no puedan dejarte, cual fragancia
de blancos heliotropos, toda el ansia
y todos los deliquios del placer;
para envolver tus castos pensamientos,
acariciar tus tiernos sentimientos
y vivir con la vida de tu ser!

¡Que no puedan dejarte, cual quisiera,
cuanto en delicias y placer te hiciera
de dichas inefables sonreír;
para saber entonces con locura
que no es mentira la humana ventura,
que aún puedo ser amado y ser feliz!

LA PERLA

Por la belleza artística atraídos
se hallaban una noche reunidos
en la risueña sala de una actriz,
varios nobles, burgueses y banqueros,
y ofuscado entre tantos caballeros
un poeta inmortal pero infeliz.

La reina del proscenio se mostraba
sobre un diván soberbio y cautivaba
por su hechizo y su gracia singular;
ostentando además aquella noche,
sobre el ebúrneo pecho, en áureo broche,
una joya magnífica y sin par.

Era una hermosa y reluciente perla
que hubieran todos de admirar al verla,
ponderando su brillo y su valor,
al grado que la dueña del tesoro:
—"La subasto —exclamó—, quien dé más oro
podrá ser enseguida el poseedor".

Y crecían las sumas y crecían,
y posturas enormes proponían,
no cesando un instante de ofrecer;
y la perla valía una fortuna
como jamás pudo costar ninguna,
pero nadie llegábala a obtener.

Uno solo entre aquellos circunstantes
permanecía absorto como antes,
sin atreverse a proponer quizás:
el pálido poeta, el de los versos
sentimentales, armoniosos, tersos,
rico por sus ensueños, nada más.

Su silencio al notar, dijo la bella:
—"Sólo vos nada me ofrecéis por ella:
¿no tenéis por ganarla aspiración?"
Y como de un ensueño despertando,
el poeta repuso en tono blando:
—"¿Queréis por esa perla el corazón?"

—"¡Aceptado!" —exclamó con alegría
la predilecta alumna de Talía—:
"¡Vuestra es la joya: habéis triunfado, sí!"
Y despertando envidias y rencores,
el divino cantor de los amores
fue el más feliz y afortunado allí.

FULGORES

¿En dónde está el audaz que en su osadía
del astro rey del día
pueda ver frente a frente el ígneo rayo,
sin que al instante no le ofusque el fuego
y débil, casi ciego,
no le deje entre sombras y desmayo?

¡Oh! solamente al águila altanera
que a la cerúlea esfera
se remonta feliz con raudo vuelo,
le es dado ver al sol de lo infinito
¡y clavar de hito en hito
las pupilas en él con vivo anhelo!

¿En dónde está el pigmeo agigantado
que pueda embelesado
contemplar de la gloria los fulgores,
sin que al instante su radiosa lumbre
sus ojos no deslumbre
ni le envuelva la noche en sus horrores?

¡Oh! solamente al genio, águila humana,
que en escalar se afana
la región infinita de la idea,
le es dado contemplar por el destino
el esplendor divino
de la gloria, ¡astro rey que centellea!

HIMNO MARCIAL

CORO

Compatriotas: de Honduras los fueros
con la vida sepamos guardar:
si hay tiranos, también hay aceros
y es de libres tan sólo triunfar.

Los que libres, patriotas nacimos,
la cerviz no inclinamos al yugo:
no tenemos ni rey ni verdugo,
no tenemos los libres señor:
nuestra sola deidad es la patria,
nuestro culto sus santos derechos
y no acatan más ley nuestros pechos
que el deber, la justicia, el honor.

Consentir que el ultraje nos hiera
no sabemos los libres, los bravos:
nuestro pueblo no es pueblo de esclavos
donde pueda un tirano alentar:
cada noble adalid hondureño
contra el vil opresor es baluarte
que en los campos gloriosos de Marte
sólo tiene por lema triunfar.

Nuestro altivo pendón no se mancha
con desleales inicuas acciones;
no se manchan los patrios blasones
con infame oprobioso baldón;
porque al punto, inflamados en ira,
destrozando Bastilla y cadenas,
roja sangre al correr de las venas
lavará del estigma el borrón.

¡Guay de aquellos que ingratos conspiren
contra el bien, la virtud y el civismo,

porque cavan de afrenta el abismo
donde muertos sin honra caerán!
¡Guay de aquellos que, ciegos de orgullo,
humillarnos intenten un día,
porque el pueblo en su furia bravía
tiene lava y poder de volcán!

Libertad sacrosanta es el solo
alto prez de los hijos de Honduras,
que adelanto, riqueza y venturas
nada valen si falta el honor;
porque el hombre aherrojado no es hombre
y a tan cruel y amarguísima suerte
preferible es mil veces la muerte,
habitar en la tumba es mejor.

Siempre altivos y ufanos, por eso
libertad proclamemos sin vallas,
o en reñidas, heroicas batallas
se nos mire cual leones luchar;
y arrostrando el peligro mil veces
al rugir de los fieros calibres,
por la Patria muramos cual libres,
o que el mundo nos vea triunfar.

CORO

Compatriotas: de Honduras los fueros
con la vida sepamos guardar;
si hay tiranos, también hay aceros
y es de libres tan sólo triunfar.

CAMAFEOS PATRIOS

Valle

¡Descubríos ante él! porque es el sabio
ungido con el óleo de la ciencia,
que anticipando un siglo su existencia
le coronó la gloria en desagravio.

¡Descubríos ante él! porque su labio
derramó esplendorosa la elocuencia,
y cual foco de luz su inteligencia
lanzó al error y a la ignorancia agravio.

Él es el pensador grave y austero,
el que, amigo de Bentham erudito,
que honor y lustre con la historia pacta;

el que en su patria se elevó el primero
y consagró de independencia el grito,
¡cuando inmortal lo eternizó en un acta!

Morazán

Él es el semidiós de nuestra historia
que, cual un nuevo Aquiles con su espada,
dio vida en nuestros campos a otra Ilíada
y se bañó en los lampos de la gloria.

Paladín inmortal que la victoria
a su genio mantuvo esclavizada,
y de laurel la frente coronada
vive del pueblo en la feliz memoria.

Combatir la reacción fue su delito;
fue unir a Centro América su anhelo,
mas el triunfo esquivóle al fin la suerte;

y al volver del vía crucis del proscrito,

al ir dichoso a redimir su suelo,
mártir excelso, ¡fue un Tabor su muerte!

El Padre Reyes

Levita inmaculado, cuya vida
fue de virtud y austeridad modelo;
su palabra doquier brindó consuelo
porque fue cariñosa y fue sentida.

De Teócrito y Virgilio, siempre unida
la dulce inspiración tuvo en su anhelo;
y fue para los hijos de este suelo
Providencia feliz, alma querida.

La vida de los campos, placentera,
supo cantar con fácil caramillo,
describiendo el amor de los pastores:

sus églogas e idilios forman era,
fueron la dicha del hogar sencillo,
¡y hoy su frente inmortal ciñen de flores!

Cabañas

Valiente entre valientes, fue sincero
ciudadano y patriota esclarecido,
y nadie mejor que él ha merecido
compararse a Bayardo el caballero;

porque fue, en realidad como guerrero,
el paladín más noble y bien nacido,
que aun no triunfando, de laurel ceñido
siempre aclamado se miró el primero.
Jamás en los peligros del combate
trepidó su valor, ni su hidalguía
pudo verse pospuesta ni humillada;
porque fue un corazón que altivo late,
un alma grande que al honor se fía
¡y la más pura y refulgente espada!

SIDERAL

¡Oh! Ved cómo la noche se atavía
con su cerúleo manto salpicado
de sideral, temblante orfebrería,
y más hermosa que la luz del día
muestra de sus hechizos el tocado.

Ved cómo se estremece y se abrillanta
la límpida extensión del horizonte;
un rumor como de alas se levanta,
y con sublime palidez que encanta
la luna surge del azul de un monte.

Ved cómo en mate resplandor que albea
el espacio se inunda, y de improviso
cuanto en redor se mira se hermosea,
el pensamiento alado se recrea
y la tierra simula un Paraíso.

¿No sentís en el alma al casto beso
de esa radiosa y argentada lumbre
como de una ilusión el embeleso
que os hace ver en inefable exceso
de la dicha del cielo algún vislumbre?

¿No os parece sentir como que brota
de allá del corazón, sensible y pura,
una suprema, inolvidable nota
que arrulla vuestros sueños con ignota
romántica y dulcísima ternura?

¿No os embriaga el cantar de una esperanza
que endulza o que suaviza los dolores,
y en transportes de vaga venturanza
os finge en la azulina lontananza
ansias, recuerdos, idealismo, amores?

¿Vuestro espíritu inquieto no desliga
los lazos que le juntan a la tierra,
y, ave de luz a quien el mundo hostiga,
a las estrellas y al azul se liga
y por los campos siderales yerra?

¡Es que la noche, cuando el velo extiende
de sus misterios, tórnase en santuario
en donde, absorta, el alma se suspende;
porque en sus aras el amor enciende
el sublime fanal de su sagrario!

CRESPÓN

Arpegios de las arpas sollozantes
pulsadas por las vírgenes hebreas
en opresión cautivas; susurrantes
cadencias de las cítaras egeas
colgadas de los sauces; notas eólicas
del órgano del templo custodiado
por délficas vestales; melancólicas
ternuras del idilio concertado
por las hijas de Lesbos; legendarias
endechas de los rapsodas perdidos
en apartadas tierras; dulces arias
que al son de su rabel alzan sentidos
los pastores de Arcadia; conmociones
de la naturaleza ante el conjuro
de la flauta de Pan; tiernas canciones
de mediöevales bardos bajo el muro
de la ojival ventana; tristes preces
que al cielo elevan mártires ignotos
que el infortunio inmola; palideces
de las castas beldades que en sus votos
sorprende la pasión; rumores suaves
del palmeral umbrío del desierto
al soplo de las auras; trinos de aves
volando sobre el mar huyendo al yerto
rigor del austro; besos de la brisa
conmoviendo el cristal de la laguna
con rizadas estelas; enfermiza
refulgencia argentada de la luna
tras negra tempestad; voces secretas
de las marchitas, macilentas hojas
cayendo de los árboles; inquietas
lágrimas de las íntimas congojas
sobre muerta ilusión; preludio triste
que brota entre las tumbas el ramaje
      sombrío del ciprés; de cuanto existe

misterioso y romántico lenguaje
que embriaga el corazón: llenad mi alma
con vuestro efluvio excelso y soberano,
que quiero condensar en mustia calma
el diapasón del sufrimiento humano
para entonar el himno gemebundo
del supremo dolor de mis dolores
sin eco ni esperanzas sobre el mundo
¡y cuyo ritmo se desborda en flores!

DE PROFUNDIS

Cayó sobre mi espíritu sombrío
la atrofiadora escarcha de la angustia;
sentí temblar mi corazón de frío
y desprendióse mi esperanza mustia.

Como del bosque las dolientes hojas
al soplo de las ráfagas glaciales,
bajo el sudario gris de las congojas
agonizaron ¡ay! mis ideales.

Murieron mis floridas ilusiones
al golpe cruel del desencanto yerto,
y el ángel de mis pálidas visiones
huyó al mirar mi corazón desierto.

La noche me cubrió con sus tinieblas
dejando triste y huérfana mi vida;
y sumergióse mi alma entre las nieblas
y entre sus limbos osciló perdida.

Me abandonó la fe, reliquia santa
de mis primeros años de ventura;
me anonadó el pesar, y ante mi planta
su boca abrió voraz la sepultura.

Poco a poco cesaron los latidos
del pobre corazón agonizante;
y traspasaba el hielo mis vestidos
y azotaban las brisas mi semblante.

Los lúgubres follajes murmuraron
yo no sé qué salmodia o qué plegaria,
y tuve horror entonces: me vi muerto,
       pero vivo a la vez, porque sentía,

sólo que estaba cual cadáver yerto
con la horrible visión de mi agonía.

Era el dolor postrer de los dolores
que entre sus garras comprimió mi alma;
era el último adiós de los amores,
del corazón sobre la muerta calma.

En vano, pertinaz, luchó mi aliento
con la esfinge fatal; venció la odiosa,
y desde entonces, dentro el pecho siento
el frígido contacto de una losa.

FLOR AMARILLA

Brota de los sepulcros en las quiebras
una olvidada flor que nadie admira,
y solitaria vive y da su aroma
hasta que al fin se agosta y se marchita.

Es una flor por todos desdeñada
quizá por lo doliente y lo fatídica,
pues su corola, amarillenta y mustia,
tristezas y pesares simboliza.

Es una flor hermana de las tumbas,
cuyo amoroso amparo solicita
quizás por reflejar más a lo vivo
el paréntesis frío de la vida.

Es una flor que siempre ha contemplado
con religiosa turbación mi vista,
como buscando en su mudez la clave
que de la nada explique los enigmas.

Es una flor que entre su broche encierra
yo no sé qué letal melancolía
que despedir parece en sus efluvios
como vagos suspiros de otra vida.

Es una flor de pétalos tan pálidos
que remeda una gélida sonrisa
del ángel silencioso de la muerte,
de una siniestra fosa en las orillas.

Es una flor que hiela y que estremece
porque engendra el olvido en donde habita;
su nombre no lo sé, ni lo he indagado:
yo la llamo por mí: flor amarilla.

Y sé que es una flor que acaso lleve
de los que abandonaron ya la vida,
el último amoroso pensamiento
¡y la postrera lágrima bendita!

LA GUITARRA

¡Oh reliquia vibrante de lo pasado!
¡Oh manantial perenne de la dulzura!
¡Oh instrumento armonioso nunca olvidado!
¡Oh confidente ingenuo de la ternura!

De tus cuerdas heridas con roces suaves
bajo la mano emergen alados sones,
cual, si al romper del alba canoras aves
preludiaran un coro de sus canciones.

Tú traduces fielmente cuanto en el alma
es placer o tristeza, dicha o congojas;
conmociones, deliquios, raptos de calma,
ruido de alas y besos, de brisas y hojas.

Se compendia en tu ritmo, por varios modos,
la policroma escala del sentimiento:
tu armonioso lenguaje lo entienden todos;
siempre arroba o conmueve tu dulce acento.

Tú avasallas el mundo que se embelesa
y ante tu regio encanto la frente inclina,
ya en el palacio vibres de la princesa
o en el hogar do mora la campesina.

Mientras los corazones, como un aviso,
sientan de la esperanza gratos murmullos,
florecerán tus notas con el hechizo
de un volador enjambre lleno de arrullos.

Tú despiertas dormidos castos ensueños
que su perfil esbozan en lontananza
y derramas el filtro de los beleños
cuando al gemir te juntas de una romanza.

Tú en las bullentes juergas más populares
tienes los bordoneos de risas locas,
mientras el aire atruenan recios cantares
que en su entusiasmo vierten líricas bocas.

Tú en las volubles danzas a que se entrega
la muchedumbre alegre, rauda y festiva,
marcas con tus compases la dulce brega
de los talles que ondulan con gracia viva.

Tú tienes el salero y el desparpajo
del amor que chispea lleno de ardores,
entre la ardiente moza y el joven majo,
gárrulos de palabras y de colores.

Tú presides el fausto de los placeres
de las almas que liban dichas reales,
y en perspectiva finges a tristes seres
quimeras tan hermosas como ideales.

Tú evocas los recuerdos más bendecidos
de marchitadas glorias y goces puros,
y todo un mundo surge de tus sonidos
como al mágico ensalmo de los conjuros.

Tú eres el lenitivo que halla a su pena
el pobre enamorado que desconfía
y a ti tan solo hermana su cantilena
por ver si ablanda el ceño de suerte impía.

Tú en las azules noches de blanca luna
acompañas y llevas la serenata
del trovador insomne que sin fortuna
canta bajo los muros de alguna ingrata.

Tú por doquier esparces con tus gorjeos
una atmósfera tibia, plácida y riente,
saturada de arranques y devaneos

y llena de locuras y de ansia ardiente.

Tú descuellas radiante, gentil y airosa
cuando tu débil caja, como en un trono,
sobre el regazo imprimes de alguna hermosa
que de pulsar tus cuerdas tiene el buen tono.

Tú eres el consejero tierno y amable
del amor que se calla, casto y sublime,
porque tus discreteos más adorable
tornan al ser amado porque se gime.

Tú eres la eterna clave de la dulzura,
el bienhechor consuelo de la desgracia,
la promesa elocuente de la ventura
y el vocero chispeante de toda gracia.

Tu imperio abarca el mundo de la belleza;
tu cetro no decae, nunca declina;
ya en el palacio vibres de la princesa
o en el hogar do mora la campesina.

Y en tanto que en los pechos, como un aviso,
ritmen de la esperanza gratos murmullos,
florecerán tus notas con el hechizo
de un celestial enjambre lleno de arrullos.

A LA MEMORIA DE JOSÉ MARÍA GUTIÉRREZ

Si me parece verlo todavía
con su aspecto feliz de adolescente,
extraño a la mortal filosofía
y a los tristes enigmas del presente!

Buen mozo: adorador de la alegría;
llena de fuego y de esplendor la mente;
derrochando el esprit; riendo a porfía;
ingenuo y decidor; ¡siempre ocurrente!

¡Si me parece verlo, tal cual era...!
¿Mas quién pudo pensar que hórrida angustia
tras antifaz tan bello se escondiera?

¡Nadie! Y en hora de letal fastidio,
náufrago de la fe, su frente mustia
¡besó con beso trágico el suicidio!

A UNA PÁLIDA

¡Tu plástica hermosura digna de un lienzo,
tiene un secreto encanto suave e indeciso,
que trasciende a perfume como de incienso
y hace soñar los éxtasis del Paraíso!

¡Bien sabe Dios que al verte queda suspenso
el corazón turbado por tanto hechizo,
y el alma absorta vuela tras de lo inmenso
cual presintiendo un vago, celeste aviso!

Como el nenúfar casto de la laguna
que con perlados besos ciñe la luna,
tu semblante refleja místico albor:

algo como una aureola radia en tus sienes
y en todo tu conjunto lánguido tienes
yo no sé qué armonioso ritmo de amor!

BELLO IDEAL

¡Oh tú, la de mis sueños de colores,
seráfica visión, cuya hermosura
es el eterno amor de mis amores
y el culto pasional de mi ternura!

¡Oh tú, la imagen casta, orlada en flores,
de diáfana y flotante vestidura,
que, por ensalmo, alejas mis dolores
y un cielo me presagias de ventura!

¡Oh mi estrella radiosa! ¡Oh mi adorado,
mi supremo imposible! ¡Quién me diera
el prodigio extrahumano de encarnarte,

para morir, sintiéndome a tu lado,
con la dulce agonía placentera
de expirar en tus brazos al besarte!

POEMA INÉDITO

Oculto en el alma, como un gran tesoro,
yo tengo un poema de estrofas de oro,
de versos flamantes, de ritmo sin par:
que nadie conoce, que nadie ha escuchado,
que sólo en mis sueños yo lo he recitado,
que inédito acaso por siempre ha de estar.

Poema divino de mágicas notas,
que expresa mis ansias sublimes e ignotas,
que dice lo arcano que llevo en mi ser:
mis dulces anhelos, mis bellas locuras,
mis grandes deliquios, mis hondas ternuras,
mi enjambre armonioso de dicha y placer.

Poema que irradia, que canta y suspira,
que en algo inefable y eterno se inspira,
que vibra pausado con lírico son;
que nunca al idioma verterlo he sabido,
pues no hallo, en mi empeño, ni voz ni sonido
que puedan prestarle feliz expresión.

Poema que yace, jamás olvidado,
como algo en el pecho con culto guardado,
que espera el prodigio que le haga surgir:
¡quién sabe si nunca, doliente alma mía,
verán tus estrofas la lumbre del día!,
¡quién sabe quién pueda sus notas oír!

¡Oh tú, la que tienes la clave y el tema,
la virgen soñada de que habla el poema,
tú sí que podrías hacerlo brotar!
¡Pronuncia el conjuro; descubre el tesoro;
y bulla el torrente de cantos de oro,
de versos flamantes, de ritmo sin par!

FILIGRANA

Estrella de lo ideal que mi alma guías,
¡no te extingas jamás! Que tu luz siempre
me dé su resplandor...

Tú has alumbrado,
en el espacio azul de mis quimeras,
mis pasados ensueños de ventura,
cuando, con santa fe de adolescente,
virgen el corazón a la desgracia,
y sin temer dolores sobre el mundo,
mi paso adelantaba por la vida,
presintiendo doquier ante mis ojos
la imagen del placer...

Tú has presidido
el despertar dulcísimo y risueño
de mis amadas ilusiones de oro,
cuando con ansia delirante y loca,
buscaba lo que no hallo todavía,
el soto bendecido, el fresco oasis
donde anidan los éxtasis supremos,
los deliquios sublimes y el arrullo
del amor inmortal...

Con tus fulgores
has hecho florecer a mi esperanza
con las flores más bellas y fragantes,
salpicando de dichas mi camino
y haciéndome sentir dentro del pecho
yo no sé qué ternura melodiosa,
yo no sé qué emoción inexplicable,
como el beso sutil de hada invisible
que anuncia el porvenir...

Tú has sido el faro
que en mis aciagas noches de tristeza
ha brillado con pálidos destellos,
serenando las olas encrespadas
do el pensamiento boga combatido
por austro de nostalgias y pesares,
atribulado y solo, sin que el mundo
le brinde algún consuelo en su congoja
de incomprensible afán...

Tú has contemplado,
en mis oscuras noches de tormenta,
la fúnebre visita del espectro
que mata la ilusión y la esperanza,
dejando el corazón yerto y vacío,
mientras clava su garra el desengaño
y se amontonan nubes tempestuosas
en el cielo tranquilo del espíritu
herido del dolor...

Tú has sido el ojo
que ha derramado lágrimas sinceras,
cuando la duda escéptica y sombría,
desquiciando mis creencias más amadas,
me ha lanzado a los trágicos abismos
de penas insondables donde a veces
ha azotado mi frente el ave negra
de lúgubres graznidos y de vuelo
fantástico y fatal...

Pero tú siempre,
ora cerca, ora lejos, has brillado
en mi horizonte humilde, con radiosos
y argentados fulgores, sin que nunca
te consiga eclipsar el infortunio,
como si fueras para mi alma triste
la proyección sublime de los cielos
sobre el erial inmenso de la tierra
sin flores y sin luz...

¡Blanca y hermosa
estrella de lo ideal que mi alma guías,
no te extingas jamás! ¡Que tu luz siempre
vierta su resplandor dentro de mi alma!

FLOR DE MAR

¡Con qué razón se ha dicho, y cómo es, ¡ay!, tan cierto,
que la existencia humana es borrascoso mar,
donde, en crujiente esquife, al vendaval abierto,
va navegando el hombre, sediento de arribar!

¡Qué horribles tempestades las que, convulso y yerto,
afronta muchas veces, expuesto a zozobrar,
hasta que al fin consigue echar el ancla al puerto
y de la ansiada dicha los goces apurar!

¡Feliz el que en su viaje con placidez avanza
bajo los rayos de oro del sol de la esperanza
que en sus sueños brilla con mágico esplendor!

¡Feliz el que al fin logra poner término al viaje
y extático adormirse sobre el tranquilo oleaje
a los arrullos tiernos de su primer amor!

FÉLIX A. TEJEDA

No me extrañó su fin: decepcionado
y ya sin esperanzas sobre el mundo,
le inspiró la existencia horror profundo
y como nadie se miró abrumado.

En plena juventud sintióse hastiado
y para grandes luchas infecundo:
le anonadó el destino furibundo
y al potro del dolor le arrojó atado.

Sin ilusiones ya, con claros ojos
indagó el porvenir, pero en su tedio
por todas partes columbró despojos;

y, tras pensarlo mucho —¡oh alma herida!—,
buscó para sus males el remedio
¡con el arma sangrienta del suicida!

EL DÍA Y LA NOCHE

A la clara luz del día
y a la hora del meridiano
vi en el cielo ayer la luna
hacia el cenit navegando;
pero opaca y blanquecina
como si su disco fuera
la cometa voladora
de algún niño de la escuela.

A la clara luz del día
leí ayer —no os extrañe—
la canción mística y tierna
de un melancólico vate,
y parecióme en el fondo
encontrar de sus estrofas
un raro informe conjunto
de fantasmas y de sombras.

Pero así como se extingue
una pasión, murió luego,
sepultándose en ocaso
el día bullante y regio;
y con su capuz la noche,
desmayándose tranquila,
cayó al fin sobre la aldea,
sobre el valle y la colina.

Entonces surgió la luna
en su majestad hermosa,
como un espíritu excelso
entre esplendores de gloria;
e inundó de vaguedades
el manto azul de la noche,

al derramar por el éter
sus argentados albores.

Y entonces del vate el canto,
como una sagrada música,
cruzó por mi mente inquieta
regando sus notas puras:
mi intérprete fue la noche;
y, casi en deliquio el alma,
comprendí de aquellos versos
toda la unción y la gracia.

CACTUS

Si quieres ser feliz, no pienses mucho:
¡el pensamiento es garra
que la ilusión destroza
y los ensueños mata!

Deja sentir tu corazón: la dicha
se aprecia por las lágrimas:
¡feliz quien sufre mucho,
porque es el que más ama!

LA MUSA HEROICA

Si quieres que tu canto digno sea
de tu misión, del siglo y de la fama,
no derroches el estro que te inflama
en dulce pero inútil melopea.

Lanza las flechas de oro de la idea,
depón el culto de Eros y proclama
otro mejor: la lucha te reclama:
¡yérguete altivo en la social pelea!

No enerves tu vigor con el desmayo
del femenil deliquio; ya no es hora
de lágrimas y besos; doquier mira:

hoy la estrofa compite con el rayo,
la inspiración es lava redentora
¡y clava en manos de Hércules la lira!

ARABESCOS

Para mirarlo revestido todo
de magia y de esplendor,
el hada de los sueños nos dio el prisma
feliz de la ilusión.

El mundo a través de él se nos figura
paraje encantador;
la vida finge un cielo; dentro el alma
radia la inspiración.

¡De la esperanza el ave nos arrulla;
vamos del bien en pos;
nos seduce el placer y de amor lleno
palpita el corazón!

Pero se llega un día en que la mano
trágica del dolor,
destruyendo el miraje, nos exhibe
la realidad atroz.

Y lo que fue para nuestra alma ilusa
conjunto halagador,
se torna luego, por contraste odioso,
en infernal visión...

¡Quiera el cielo que nunca tú contemples
cuadro de tanto horror!
¡Quiera el cielo que nunca tú conozcas
lo que es la decepción!

ARMONÍA

(Composición leída en la velada que celebró la Juventud Hondureña
el 28 de septiembre de este año — 1896).

Cantemos la Armonía,
la diosa del prodigio y del encanto,
la musa de la eterna simpatía,
del dulce arrullo y del divino canto;
la virgen de los cielos seductora,
sibila del placer y la hermosura,
de lo inefable azul reveladora
e intérprete feliz de la ternura;
la deslumbrante maga
que, con su voz de arpegio entre las flores,
del corazón aleja los dolores
y en éxtasis le embriaga
el himno al preludiar de los amores.

Cantemos la Armonía
que arrobadora imprime
su planta por doquier; casta y sublime,
hermana de la excelsa Poesía
que la Creación redime;
inspiración altísima que brota
de yo no sé qué manantial; suprema
e incomparable desprendida nota
del coro de los ángeles; poema
que nunca nadie ha escrito
y en los espacios siderales flota
como el eco bendito
del alma toda amor de lo infinito.

Cantemos la Armonía,
divina hija del cielo
que por el mundo errante

va dejando una estela de alegría
o una aurora de plácido consuelo;
suspiro de la gran naturaleza;
trémula voz amante
de todo noble corazón que siente;
lenguaje del dolor y la grandeza;
vibración de la eterna venturanza,
del dulce amor inagotable fuente;
suavísima romanza
que por doquiera la ilusión pregona
y dentro el alma entona
el pájaro inmortal de la esperanza.

Cantemos la Armonía:
vosotros los mimados de la gloria,
los vates de la egregia fantasía,
del acento triunfal y el plectro de oro;
vosotros los cantores,
los de frente laureada que en la historia
vuestros nombres dejasteis cual tesoro
que el mundo siempre cubrirá de flores;
vuestro numen prestadme,
la sacra lira de los genios dadme,
difundid en mi alma la ternura
y con arrullo blando
mis versos vayan con placer cantando
a la diosa gentil de la dulzura.

¡Oh Armonía suprema! ¡Oh soberana
princesa del deliquio y del ensueño!
De los cielos del alma la sultana
cuyo esclavo es amor... Aunque mi empeño
vano sea y mi nombre muy pequeño,
yo me atrevo a cantarte;
yo me atrevo a elevar en tu presencia,
como un débil murmullo,
los ecos de mi lira gemidora
que solamente anhela, al escucharte,
empaparse en las ondas de tu esencia,

y que, en su noble orgullo,
sobre tu propio altar vibrando ahora,
aspira, nada más, que a consagrarte
—si no las flores que le brinda el arte—
el ditirambo ardiente
de un corazón que la belleza adora
y ante tu encanto arrebatarse siente.

¡Oh Armonía sin par! ¡Oh Filomela
de acento melodioso y cristalino,
que sobre el éter de los sueños riela
y hace soñar con el amor divino!
Para encontrar de tu existir la clave,
mi pensamiento vuela
a los remotos tiempos, a la cuna
del hombre, ese viajero sin fortuna
que, por su mal, no sabe
a dónde avanza ni de dónde vino;
y allí, junto al misterio
que envuelve de los mundos el arcano
y se alza como un límite al imperio
de la ambiciosa esencia del humano,
allí, de dicha loco,
halla por fin de tu delicia el foco...

La Creación no existía:
era todo desorden, todo caos,
y de la nada entre los negros vahos
ni la materia informe rebullía.
El divino Hacedor, sobre el abismo,
tendió la mano, y con su voz tonante,
que armoniosa vibrara entre el mutismo,
pronunció la genésica palabra,
la frase palpitante
que el Universo labra,
haciendo aparecer desde ese instante,
desbordando la luz entre la sombra,
las gigantescas moles
que, en sublime concierto que aún asombra,

llenan la inmensidad: mundos y soles.

Como si el eco fuera
de aquella voz sagrada
que fecundó los senos de la nada
y derramó la luz por dondequiera,
quedó vagando, sideral, disperso,
sobre el vasto confín del Universo,
un ritmo sin igual que se dijera
el diapasón del Orbe; acento alado,
a cuyo influjo eléctrico y bendito
los astros que componen lo creado,
en su carrera de órbita inmutable,
se echaron a rodar en lo infinito
por el piélago azul de lo insondable.

Fue entonces que surgiste,
¡oh Armonía!, y tu magia derramaste
como el alma inmortal de cuanto existe
por doquier; fue entonces que brotaste,
y en los espacios, próvida, quedaste
como el divino aliento
ordenador de todo cuanto habita
bajo el azul dosel del firmamento;
y desde entonces eres
la ley a cuyo hermoso cumplimiento
el Cosmos en su máquina gravita
y la eternal escala de los seres
en su perpetua evolución se agita.

En medio de la gran naturaleza,
como un monarca, el hombre
extendió por doquier su poderío,
y, artista adorador de la belleza,
sin conocer tu nombre,
ya era esclavo tal vez de tu albedrío.

Admirador de todo cuanto el sello
lleva de la hermosura,

no le bastó admirar cuanto hay de bello:
las estrellas que lucen en la altura,
la mujer y las flores en la tierra;
y de todo olvidado y abstraído,
él prestó atento oído
al silbar de los vientos en la sierra,
al eco del torrente y al rugido
de las fieras del bosque; a los rumores
de las fuentes, las aves y las flores;
del volcán que revienta al estallido;
al majestuoso trueno de los mares,
a todo cuanto canta y cuanto gime;
y de todo ese múltiple conjunto,
de suaves o terríficos cantares
que de la tierra brotan cada día,
formó un arte sublime
que compendió tu voz, diosa Armonía;
¡y la música fue desde aquel punto
mensajera de amor y poesía!

La humanidad extática
se conmueve, se arroba y se enajena
ante el poder triunfal de esa sirena;
la rinde culto y oblación fanática
y, en su entusiasmo ardiente,
vencida por la fuerza de su hechizo,
dobla ante ella la frente,
en su embeleso transportarse siente
a la región de luz del Paraíso
y, sin saber lo que hace, la deifica.
Por ella Anfión los muros
de la ciudad de Tebas edifica
de su mágica lira a los conjuros;
y el sin igual Orfeo, con su cantar divino,
a su deseo las fieras más hirsutas
domestica,
y hasta en lo inerte sentimiento imprime
al eco blando de su voz que oprime.

¿Quién es el insensible que no adora
tu peregrina y celestial influencia?
¿Quién no ama tu delicia encantadora
que embellece y transforma la existencia?
¿Quién es el que no rima
sus incógnitas ansias interiores
con el suave compás de tu cadencia?
¿Quién, que en tristezas solitario gima,
no ha visto evaporarse sus dolores
y convertirse en flores
tus melifluas ternuras escuchando?
¿Quién, de la noche entre la dulce calma,
no se ha embriagado con tu ritmo blando
de sus amores al soñar la palma?
¿Quién, al influjo de una voz cantando,
no siente levantarse dentro el alma
la voz de algún recuerdo sollozando?

"Primera cita del amor, querellas
de un labio suplicante que nos nombra,
y a la luz de las trémulas estrellas
la faz de un ángel pálido en la sombra.
Palabras en voz baja, entrecortadas
por la caricia férvida, embelesos,
silencios de la dicha y desmayadas
sonrisas llenas de aleteo de besos.
El himno de las dichas que pasaron,
las frases que temblando se dijeron,
juramentos que luego se olvidaron,
suspiros que en el aire se perdieron;
anhelos de ambición, sueños de gloria,
gritos del corazón desesperado,
aplauso atronador de la victoria,
transportes del espíritu lanzado
al mundo del ideal... todo se agita,
despierta, canta, se estremece y gime,
cuando embriagado el corazón palpita
bajo tu ala bendita,
¡diosa gentil de la Armonía sublime!"

En vano me he atrevido
a cantar en tus aras: no he podido.
Me falta inspiración, me falta numen
para poder cantarte.
Por eso, de mis ansias cual resumen,
la voz del canto apago,
y lo mejor que hago,
para no hacer profanación del arte,
es inundar el alma que suspira
en tu efluvio sonoro,
y arrojar lejos la inacorde lira
¡para escuchar embebecido el coro
de tus cascadas de diamante y oro!

A CUBA

Si has de vencer al fin, porque la enseña
tras de que luchas libertad entraña,
¿por qué se obstina en dominarte España
y, aunque es en vano, en retenerte sueña?

¿Por qué en odiosa lid tenaz se empeña
y los blasones de su ayer empaña,
cuando ya, el mundo, al contemplar su saña,
tu esfuerzo aplaude y su actitud desdeña?

¿Por qué se ofusca así nación tan grande
y la fuerza ostentando por derecho
de exterminio la voz deja que vibre?

¿Por qué su hidalgo corazón no expande
y, antes que al triunfo doblegarse de hecho,
no se cubre de gloria y te hace libre?

A ANTONIO MACEO

Sucumbir combatiendo heroicamente
por libertar la Patria esclavizada
no es hundirse en los senos de la nada,
no es morir como todo lo viviente.

Es coronarse de laurel la frente
y desposarse con la gloria amada,
es levantar trofeos con la espada
y en la historia vivir eternamente.

Así tú, luchador esclarecido,
que esforzado e indómito has caído
por redimir a Cuba en la contienda,

no has muerto, no, porque sería en vano,
y, hecho más grande, has de quedar ufano
¡como el Cid Campeador de la leyenda!

A UNA RUBIA

Tu espléndida hermosura deslumbrante
me atrae, me embelesa y me fascina,
¡oh visión blanca y rubia, más divina
que la que viera en sus ensueños Dante!

Es sonrosada nieve tu semblante,
rojo clavel tu boca purpurina,
tu mirar cielo azul que se ilumina,
tu cabellera ola de sol radiante.

Orlada en luz tu imagen seductora
surge en mi mente cual risueña aurora,
mientras me late el corazón sin calma;

y cuando pasas y ante mí reflejas
de tu hechizo el fulgor, siento que dejas
ceñida de relámpagos mi alma.

MI IDEAL

Nunca seréis vosotras, ¡oh bellezas de láminas!,
vanos despojos, hijas de un siglo sin moral,
de pies con zapatos, manos con castañuelas,
las que podáis acaso mi corazón llenar.

Abandono a Gavarni, cantor de las cloróticas,
su tropel murmurante de hermosas de hospital,
puesto que a hallar no llego entre estas rosas mustias
una flor semejante a mi rojizo ideal.

La que anhela este pecho, profundo como un antro,
sois vos, oh Lady Macbeth, la de infernal espíritu,
sueño de Esquilo en tierra del Norte hecho brotar;

o tú, noche imponente, creación de Miguel Ángel,
que ostentas silenciosa, en tu actitud extática,
encantos que se avienen al beso de un titán.

INOLVIDABLE

(A Camila — 30 de octubre)

Amo el hechizo espiritual; la gracia
que a las regiones del azul espacia
la soñadora mente del poeta.
Amo el encanto alado; la tersura
de un alma de ángel delicada y pura
que siente lo inefable y lo interpreta.

Amo lo dulce y bello; lo que inspira
celeste aspiración a quien delira
y tras anhelos hondos se desvive.
Amo lo que se eleva y lo que flota
y dentro el pecho, cual dormida nota
de algo divino al parecer revive.

Y yo te finjo así: nerviosa y bella,
con pálido esplendor como de estrella,
mucho de artista y mucho de adorable.
Por eso es que entusiasta y complacido
esbozar en mis versos he querido
algo como un recuerdo inolvidable.

EFÍMERA

(A Camila)

Cuando sonrías o llores,
cuando suspires en calma,
no olvides, ángel de amores,
que son los recuerdos flores
de que es mariposa el alma.

GAVIOTA

(A Irene — 2 de diciembre)

Surcando vas de la vida
el diáfano azul cristal
en una góndola de oro
que manso el viento acariciando va.

¡Quiera el cielo que en tu viaje
no surja la tempestad
y pronto, bien pronto arribes
al puerto hermoso en que la dicha está!

LIBÉLULA

(A Ernestina — marzo de 1898)

¡De tus negras pupilas al reflejo,
parecerá la estrofa que aquí dejo
libélula feliz que, fascinada,
por tus gracias se olvida de las flores
y se siente morir, presa de amores,
bajo el ígneo fulgor de tu mirada!

IL TROVATORE

Con su vistoso traje de escarlata
y una pluma de gallo en el sombrero,
de la alba luna al resplandor de plata,
músico y trovador, su serenata
preludia Mefistófeles, artero.

Mientras que Fausto de pasión se agita
porque al influjo de la voz diabólica,
como al reclamo de la ansiada cita,
entreábrese un balcón y Margarita
muestra su faz divina y melancólica.

REMEMBER
(A Lucrecia — Nicaragua, agosto de 1898)

Aquí, sobre esta página ligera,
la voz de mi recuerdo quedará
como el canto de un ave en primavera
que a una alba rubia saludando está.

Tú eres el alba hermosa, amiga mía,
mi alma es el ave dulce y tornasol:
piensa, pues: ¡qué hechicera melodía
cantará de tus ojos bajo el sol!

MI CORAZÓN

Cuando a mi pobre tumba abandonada
llegues, pálida y triste y enlutada,
a verter, por la pena acongojada,
una doliente lágrima piadosa,
nacida entre las piedras de mi fosa
verás abrirse una sangrienta rosa.

Deja sobre esa flor del camposanto
rodar la gota de tu acerbo llanto;
y, pues lloras por mí, piensa entre tanto
que su cáliz es digno de tu perla:
será mi corazón que por beberla
brotará del sepulcro a recogerla.

No extrañe ese prodigio tu hermosura,
que un amor, como el mío, sin ventura
aún en el seno de la muerte dura;
y, aunque acabó del todo su esperanza,
resurgirá a tus ojos sin tardanza
al ver que al fin tu compasión alcanza.

Corta esa flor si quieres: mis agravios
se tornarán al punto en desagravios;
¡y si la llevas a tus rojos labios,
aunque tarde, en dulcísimos excesos
de amor, mis yertos y olvidados huesos
temblarán al contacto de tus besos!

AMOROSA

Yo te he visto, en esa hora fugitiva
en que la tarde a desmayar empieza,
doblar cual lirio enfermo la cabeza,
la cabeza adorable y pensativa.

Y entonces, más que nunca sugestiva,
se ha mostrado a mis ojos tu belleza
como en un claroscuro de tristeza,
con palidez que encanta y que cautiva.

Y es que en tu corazón antes dormido
el ave del amor ha hecho su nido
y entona su dulcísimo cantar;

y al escucharle, en ondas de ternura,

languidece de ensueños tu hermosura
como un suave crepúsculo en el mar.

NENÚFARES

Nenúfares tristes en que se aduna
la amable nostalgia con el reproche,
y bajo el misterio de hermosa noche
flotáis en las linfas de azul laguna.

Nenúfares tristes que a la importuna
luz clara de Febo cerráis el broche,
y abiertos se os mira cuando en su coche
por campos de estrellas pasa la Luna.

Nenúfares tristes que amáis las olas
y un grato perfume dais a los vientos
que besan, temblando, vuestras corolas.

Así, cual vosotros, son mis amores:
¡nenúfares tristes y macilentos
abiertos en la onda de los dolores!

EL METRO REY

Como al choque del viento cada ola
rumor distinto sobre el mar exhala,
hay gradación de notas en la escala
de la opulenta lírica española.

El diapasón de una cadencia sola
con variaciones rítmicas resbala,
y ya el estruendo del clarín iguala,
o ya el gemir de plañidera viola.

La gama de los metros se alza en coro
y entona dulces cantos: vibra, ondula

y desgrana de acordes un tesoro.
Mas, como rey a quien su corte adula,
surge el endecasílabo sonoro
y triunfalmente su canción modula.

EL VIOLÍN ROJO

El violín rojo que, con voz que gime
y el clamor de los ángeles semeja,
sobre tu mismo corazón se queja
mientras el arco su cordaje oprime:

tiene un alma adorable, alma sublime,
que algo del cielo en su dolor refleja...
y es tu alma acaso que tu cuerpo deja
y al confidente de su amor se oprime.

¡Ay! por eso es que tanto me conmueve
y en tan hondos deliquios me extasía
el dulce arpegio de su voz canora.

Y es que tal vez, bajo tu mano leve,
dentro la caja del violín de Hungría,
mi pobre corazón palpita y llora.

UNA ADELFA

Yo creo que la Muerte se enamora
de las vidas que en flor hiere, traidora,
y que arranca bien pronto las más bellas
porque el mundo es ingrato con las flores,
y ella escoge y trasplanta las mejores
al divino vergel de las estrellas.

Por eso, aunque llorada y muy sentida,
no me extrañó tu rápida partida:
como eras una flor de suave hechizo,

la Pálida te amó con embeleso
y al estampar sobre tu frente un beso
te llevó a florecer al Paraíso.

MYOSOTIS

Del jardín de mis sueños azules
yo arranco las flores más puras y bellas
y en tus aras de virgen coloco
mi lírica ofrenda.

¡Quiera Dios que al destello que lanzan
tus ojos tranquilos de dulce gacela
este humilde bouquet de myosotis
por siempre florezca!

¡Y ojalá que tus labios de rosa,
que tienen sonrisas tan suaves, tan tiernas,
nuevo encanto les den a estas pobres
myosotis enfermas!

INCÓGNITA

Yo he visto, no sé dónde, tu diáfana silueta;
recuerdo el suave hechizo de tu adorable faz;
no eres visión que pudo forjar mi mente inquieta,
conjunto cual tus gracias no lo soñé jamás.

Tal vez, entre las vírgenes de un superior planeta,
te conocí en una hora de bienandanza y paz;
y luego, en mis delirios de evocador poeta,
sin olvidarte nunca, te he amado más y más.

Cuando el dolor me asedia, cuando de todo dudo,
tú eres mi fe celeste, tú eres mi santo escudo,
tú alientas dentro mi alma: ángel, estrella, flor.

¡Y sé que, aunque en el mundo jamás habré de verte,
me esperas tras el pórtico sombrío de la muerte
y velarás mi sueño con infinito amor!

LA FUERZA DE LA FE

Sobre las crespas olas del mar de Tiberíades,
que por ensalmo acallan su cólera y fragor,
cual sobre tersa alfombra de muelles suavidades
a paso lento avanza, magnífico, el Señor:

Y Pedro, su discípulo, que presa de ansiedades,
desde una firme roca le ve con estupor,
pugnando por seguirle siente las tempestades
del que en su fe vacila, temblando de terror.

"¡Fe, Pedro!", exclama Cristo; y Pedro al mar se lanza;
mas, pronto entre las olas, perdida su esperanza,
sumérgese el cuitado. Con viva unción Jesús,

"¡Fe, Pedro!", le repite: la fe sobre él fulgura;
y entonces ¡oh prodigio! la líquida llanura
recorren Cristo y Pedro bajo un palio de luz.

CÓMO ES EL ARTE

Yo me imagino el Arte como un lago risueño
cuyas azules ondas reflejan lo ideal,
y donde en el esquife rosado de un ensueño
va navegando el alma con sed de lo inmortal.

Le ven bogar los cisnes de suave albor sedeno,
le arrullan los registros del viento musical;
y en tanto que así cruza con amoroso empeño
entona un canto de oro, dulcísimo y triunfal.

De pronto entre las olas ve el alma del poeta
surgir de una hermosura la mágica silueta
como, del mar, un día, la diosa del amor.

Ante ella, al contemplarla en éxtasis se inclina,
y, mientras que un radioso destello le ilumina,
la misma gloria besa la frente del cantor.

LO QUE NO MUERE

Lo grande es siempre así: soberbio y triste,
aislado y tormentoso, adusto y fiero;
convulso de dolor, de rabia henchido,
preñado de relámpagos y truenos;
por viento de inclemencias azotado,
en sombra de inquietudes siempre envuelto,
sumido en olas de amargura inmensa,
entre aridez y escombros, mudo y yerto;
en un confín del mundo hostil y trágico,
lágrimas y sollozos comprimiendo;
o en gritos de impotencia o de locura
demandando piedad o estrago al cielo.

Lo grande es siempre así: nunca apacible,
nunca dulce, ni alegre, ni halagüeño;
cuando sonríe es de desdén: no muestra
jamás florido y seductor aspecto:
es como el mar, salobre y terrorífico;
como las rocas, erizado y tétrico;
como las ruinas, imponente y lúgubre;
como los antros de expiación, siniestro:
es Job, que se retuerce entre gemidos;
con el buitre en la entraña, Prometeo;
Edipo, bajo el hacha de los hados;
o Cristo, sobre el Gólgota tremendo.

Lo grande es siempre así: ved cómo pasa
obscurecido y calumniado el genio:

¡la frente orlada de reflejos lívidos
y de honda angustia traspasado el pecho!
¡Ved cómo todas las supremas cúspides,
lo mismo en lo moral que en lo terreno,
cual si atrajesen de infortunio el rayo,
son perseguidas por su choque adverso!
¡Y ved cómo, del mundo en la necrópolis,
la vida humana es como vano sueño,
y sólo, ante la esfinge de la muerte,
se alza el dolor cual obelisco eterno!

Lo grande es siempre así: dejad que ruede
la furia del simún sobre el desierto;
dejad que arroje por su negro cráter
lava y cenizas el volcán soberbio;
dejad que ruja en lo interior del alma
la horrible tromba del sufrir sin término;
dejad que estalle el cataclismo y se oigan
del exterminio universal los ecos:
¡por encima del caos insondable,
como un rojizo y fantasmal incendio,
de un Dios que llora el coruscante lábaro
flotará entonces pregonando duelo!

TU VOZ

¿Qué magia hay en tu voz, cadente y suave
y de armoniosas inflexiones llena,
que, cuando me hablas, dentro mi alma suena
cual si cantase en su interior un ave?

¿Qué magia hay en tu voz, que a veces grave
y a veces triste, a lo mundano ajena,
dentro mi propio corazón resuena
cual si ella fuese a sus misterios clave?

¿Qué magia hay en tu voz? ¿Es que traduce
algo del cielo que a soñar induce,

tu alma de virgen que en tu voz suspira?

¡Yo sólo sé que, dulce o melancólica,
vibra en mi oído como un arpa eólica
y que el amor de lo inmortal me inspira!

OLÍMPICAS

¡Oh! Las mujeres pálidas y hermosas
como estatuas de mármol; pensativas
y llenas de misterio; silenciosas
e imperturbables como augustas diosas,
¡tienen yo no sé qué de sugestivas!

Al que sabe soñar le dicen tanto
que extasiado y absorto las admira
y halla en sus rostros fríos tal encanto
que en su misma quietud escucha un canto
nunca oído en las notas de la lira.

¡Qué majestad, qué olímpica apostura
muestran en su nostálgico abandono!
¡Al contemplarlas mi alma se figura
que están por su hierática hermosura
predestinadas a ocupar un trono!
¡Son tan suaves, tan tristes y tan bellas
que ignorantes parecen de sus galas;
y hasta me finjo al meditar en ellas
que en un tiempo habitaron las estrellas
y que tuvieron en los hombros alas!

Cuando a su lado estoy, dichoso pienso
en mil cosas lejanas: de hito en hito
las miro entonces, de placer suspenso
como quien ve por el azul inmenso
la luna irse elevando a lo infinito.

¡Y se transporta mi alma a otras regiones,
de nieve y luz; regiones encantadas
por donde entre jardines de ilusiones
se ven blancas y mágicas visiones
como en eternos sueños abismadas!

Trasuntos de ellas son esas hermosas
y pálidas mujeres pensativas,
en su noble actitud tan silenciosas
como si fuesen impasibles diosas,
¡para mi corazón tan sugestivas!

SONATA

Blanca y hermosa, de negro vestida,
la joven rubia, sentada ante el piano,
yergue su busto coqueto y gitano
y, como en sueños, parece abstraída.

Luego, nerviosa, tal vez conmovida,
pulsa las teclas y, bajo su mano,
como al conjuro de un rítmico arcano,
brotan allegros que alegran la vida.

Después, sintiendo del arte el hechizo,
junta a las notas su voz: de improviso
tiembla en el aire la dulce romanza.
¡Y a los acordes del cántico de oro,
responde en mi alma con trémulo coro
—triste ave Fénix— mi pobre esperanza!

EL MEJOR CANTO

A todos tus encantos de doncella
he consagrado estrofas; mas, confieso
que lo que adoro en ti con loco exceso
nunca en mis versos ha dejado huella.

—¿Y qué es lo que amas tanto? —exclamó ella,
con voz llena de lánguido embeleso.
—Amo tus rojos labios, donde el beso,
dormido, aguarda la canción más bella.

—Pero, si me amas y tu amor no ignoro,
¿por qué no escribes ese canto de oro?
—Temo causar a tu virtud agravios.

—Pues, ¿cómo es ese canto?, ¿es sólo un mito?
—No, mi bien: es verdad; mas necesito
que lo rimen mis labios con tus labios.

SOL PONIENTE

Por el cielo, errabundas y al acaso
van las nubes —cual naves sin rumores
por un mar de zafiro—, a los fulgores
del sol que, enfermo y triste, va al ocaso.

La tarde se desmaya al primer paso,
presintiendo, tal vez, negros dolores;
y la luz ensangrienta sus colores
mientras luce en oriente un brillo escaso.

Violáceo el cielo está: por los celajes
arrebolan las nubes sus encajes
y flotan cual banderas purpuradas.

Hay tonos de salmodia en los reflejos,
y en un féretro rojo, allá a lo lejos,
se hunde el sol tras las sierras empinadas.

EL ÍDOLO

En el fondo sombrío de una caverna,
entre viejas reliquias, he contemplado

un ídolo salvaje que a mi alma tierna
seculares misterios ha revelado.

Como al potente soplo de voz interna,
ante esa imagen ruda de lo pasado,
se ha prosternado mi alma cual se prosterna
un monje ante la efigie que ha consagrado.

Y es porque en él descubro todo el secreto
de una raza expirante que, con respeto,
mezcló el llanto en sus aras a la oración.

Y algo en mi sangre bulle que habla y razona,
mientras el dios de piedra que me obsesiona
gesticula y me mira desde un rincón.

SUEÑO ROJO

Soñé que, en roja cólera inflamado,
por calmar el infierno de mis penas,
tuve sed de la sangre de tus venas
y a ti lleguéme de puñal armado.

Luego, con el furor de un trastornado,
como un tigre que rompe sus cadenas,
sobre tu lácteo pecho de azucenas
hundí el acero y lo dejé clavado.

Tu sangre, a borbotones por la herida,
vi brotar juntamente con tu vida,
y me gocé en tu fin con raro empeño.

Mas, cuando quise entre mis dedos rojos
extraer tu corazón hecho despojos,
lancé un suspiro... y desperté del sueño.

SIMBÓLICA

Hay un árbol siniestro cuyas ramas,
como tremendas víboras se enroscan
y del horizonte consternado erigen
cual yataganes tétricos sus hojas.

De ese árbol, en sarmientos tembladores,
penden frutos malditos, negras pomas
como las que a orillas del Mar Muerto
conteniendo ceniza no más, brotan.

Viento cruel, temeroso y blasfemante
sacude a veces las ondeantes frondas
que como arpas fatídicas resuenan
con alaridos que el espacio asordan.

De ignorada región llégase al árbol,
como aborto infernal, temible horda
de aves obscuras, de graznidos broncos,
pico acerado y garras poderosas.

Y con furor salvaje, locamente
lacerando las ramas y las hojas,
hambrientas como arpías, esas aves
los negros frutos con placer devoran.

Y cuando hartas están, porque de muerte
se ha inoculado en ellas la ponzoña,
al suelo amedrentado, de improviso
van cayendo sin vida, unas tras otras.

Y el árbol se estremece cual si acaso
tuviese corazón, y gruesas gotas
de un líquido viscoso, color púrpura,
por las heridas del ramaje llora.

Mas, de su hueco y carcomido tronco
sale un dragón entonces: luenga cola,

ojos de fuego y sanguinarias fauces
donde una lengua cual tridente asoma.

Y olfateando las presas, con sus zarpas
de rudos ganchos, sin tardar destroza
las muertas aves y con gran deleite,
voraz se engulle el corazón de todas.

Y cuando el monstruo su ágape termina,
vuélvese, lento, al tronco que le aloja,
y en silencio otra vez queda el paraje
bajo la arcada de imponentes sombras.

¡Oh visión de la negra vestidura
que surges imborrable en mi memoria!
¡Tú sabes como nadie el negro símbolo
que encierran en su fondo esas estrofas!

Tú sabes y te explicas bien el cuadro:
¡Mi alma es el árbol de las negras pomas,
mis penas son las aves, y tu infamia
es el dragón que en mi sufrir se goza!

MIS VERSOS

Van a ti mis canciones revolando
cual mariposas de oro entre las flores,
a libar en tus labios miel de amores
y en tu seno a buscar albergue blando.

No las desdeñes, no, si a ti llegando,
al fulgor de tus ojos soñadores,
te hablan de mis tristezas y dolores
y tu ternura imploran, suspirando.

Dales calor y abrigo, amada mía,
ve que son mensajeras que te envía
mi alma, de quien la sola dicha eres.

No les niegues un poco de cariño,
ve que mi corazón es como un niño
y morirá de amor si no le quieres.

CUADRO CAMPESTRE

Al pie de la cascada en donde el río
forma un remanso azul que el bosque umbrío
sombrea[119] sus ramajes enlazando,
mientras las aves ritman su obertura,
una joven de espléndida hermosura
a solas ¡oh placer! se está bañando.

Blanca y desnuda como fresca driada,
rompe las linfas y sobre ellas nada,
mostrando a ras del aire, en muelle flote,
ora el muslo gentil, o la cadera,
ora los hombros, ya la cabellera,
ora del seno el ondulante brote.

En su ameno solaz entretenida
y a los besos del agua estremecida,
sonríe, voluptuosa y satisfecha,
y no advierte, arrobada en sus antojos,
que hay alguien que la atisba con los ojos
y con famélico ademán la acecha.

Es una fiera: es un jaguar tremendo
que por el bosque, al cazador huyendo
que tras su pista va, llegó al acaso
a aquel recodo en que murmura el río
y entre las frondas del ramaje umbrío
asomó la cabeza, paso a paso.

Y al mirar a la joven que inocente,
jugando entre las aguas libremente,
no sospecha el peligro que le acosa,
relamiendo las fauces desde lo alto
se apresta a dar el formidable salto
y a hundir sus garras en la carne hermosa.

¡Ay de la joven que feliz, confiada,
sobre las ondas apacibles nada,
en los idilios del amor soñando!
¿Quién pudiera salvarla en ese instante
en que la muerte, en forma horripilante,
la está con su segur amenazando!

Mas, ¡oh Dios!... en la orilla ha aparecido
el cazador que, impávido, sin ruido,
al tigre tiende el arma con acierto,
y el tiro asesta con tan firme pulso
que traspasado el corazón convulso,
le hace rodar sobre las aguas, yerto.

Bruscamente la joven, sorprendida,
temblando, aunque ya en vano por su vida,
con creciente ansiedad llegó a la playa,
y al ver al tigre que ya inerte flota,
el trance horrendo que ha pasado nota
y repentinamente se desmaya.

El cazador entonces con presteza
a reanimarla va: sus labios besa,
prodigándole mimos de ternura;
y la joven despiértase, suspira,
y cuando al fin en su ansiedad le mira,
desmáyase otra vez, mas de ventura.

Porque ¡ay! el que a salvarla de la muerte
llegó, por un prodigio de la suerte,
era su propio novio, era su amante[120];
y mientras él repítele "Te adoro",
ella en su desnudez, vertiendo lloro,
esconde entre las manos su semblante.

RAPTO INFERNAL

Por entre negras rocas de horrible aspecto
como el pecado, que en espiral descienden
al rojo abismo de la Expiación, ved
a Satán que llega, de inmenso orgullo
transfigurado, con el regio trofeo
que el ansia colma de su ambición.

—"¡Ya tengo esposa!" —dice; y el cuerpo estrecha
que, desmayado sobre los hombros, trae
de un ala abierta bajo el crespón.
—"¡Mujer como ésta nunca mis fieros
ojos han contemplado! ¡Oh bella flor del vicio,
cómo va a amarla mi corazón!"

Ya en el fondo del antro, sobre un enorme
carbón brillante, como en lecho de amores,
su hermosa carga deja, y triunfante
contempla aquel tesoro de gracia obscena
que al cielo injuria.

Y enardecido luego, rugiente exclama:
—"¡Mujer divina!, beber quiero
en la copa de tu insaciable
feroz lujuria." Y hecho una sierpe, al punto,
se enrosca al cuerpo de Mesalina.

EPICÚREA

¡Oh Lesbia, ya no tardes, date prisa!
¡Apresúrate a amar, que amor te espera!:
ve que es corto el vivir, y en su carrera
inadvertidamente se desliza.

Luzca en tus labios, Lesbia, la sonrisa;
del corazón las ansias acelera;
y abre tu alma al amor, que en primavera
se abre la flor al beso de la brisa.

No derroches en sueños de ventura
tu fresca juventud: ama y procura
del placer las divinas embriagueces.

Ven a mis brazos, Lesbia: impere mayo,
y que nos hiera de la muerte el rayo
con la dicha apurada hasta las heces.

TUS MANOS

Manos aristocráticas, artísticas y bellas,
manos blancas y suaves como carnales lirios,
manos, como hostias puras, que invoco en mis delirios,
manos que miro en sueños con palidez de estrellas.

Manos que comparables tan sólo son entre ellas,
manos a cuyo tacto se esfuman mis martirios,
manos que al cielo se alzan como impecables cirios,
manos de cuyo aroma guardo en el alma huellas.

Manos que el cetro empuñan que rige mis denuedos,
manos de uñas rosadas y de afilados dedos,
manos que yo quisiera besar eternamente.

Plegue a Dios que esas manos que son mi idolatría,
como diadema cándida, sentir pueda algún día
posándose amorosas sobre mi mustia frente.

EL MANGLAR

Sobre la faz tranquila del estero,
donde copia el Poniente sus celajes,
de una extraña alameda los paisajes,
desde la nave, absorto, ve el viajero.

Y sueña, al deslizarse en el sendero
por entre dobles filas de follajes,
que una ciudad de exóticos mirajes,
sin rumor, va cruzando, placentero.

Es el bello manglar que entre las ondas
alza a los vientos sus tupidas frondas,
donde acuden las aves, fatigadas,

y como oasis riente de verdura,
borda con sus glorietas encantadas
de un líquido desierto la llanura.

BUEY

Tipo de resignada mansedumbre,
al yugo, la cerviz, humilde inclina
y el rudo carro que al rodar rechina,
arrastra, con su grave pesadumbre.

Ya habituado a perpetua servidumbre,
con lentitud y dejadez camina;
pero en sus grandes ojos se adivina
de una inmensa nostalgia la vislumbre.

Y cuando libre siente la cabeza
del yugo y sobre el césped rumia echado,
¡quién sabe si no evoque en su tristeza

el tiempo aquel en que, arrogante toro,
de su corte de vacas rodeado,
lanzó en el bosque su bramar sonoro!

JUVENILIA

En el buen tiempo de la primavera
—me dijo el hada de los corazones—
la mejor rosa de tus ilusiones
consagra al rizo de una cabellera.

Sueña tu sueño y en la placentera
y azul mañana de tus impresiones
de amor aspira las emanaciones
y a Psyquis busca por tu compañera.

Y mientras mires en la lontananza
de tus anhelos y de tus antojos
la estrella dúplex de la venturanza,

goza la vida, y antes que en despojos
tus dichas trueque la desesperanza,
abreva tu alma en unos labios rojos.

LA NINFA

Sonriente y pensativa, la alba virgen, surgida como Venus de las ondas, de hinojos en la arena de la playa, de un caracol marino escucha, absorta, los murmurios poblados de misterio; y mientras con placer el viento azota su carnación flamante y sus cabellos, luengos y rubios, y a sus pies las olas van a morir con aleteo flébil de agonizante pájaro, ella, ansiosa, permanece escuchando aquellos ecos que repercuten como lengua ignota en la espiral del caracol.

Aquella es la canción gigante de las olas. Hay bramidos allí de tempestades que estallan, se enfurecen o sofocan; lamentos y plegarias de los náufragos que estrelló el vendaval contra las rocas; y también dulces trovas entonadas por pescadores, en ardientes horas de somnolencia, bajo el sol que tiende sobre el cerúleo dorso de las olas una argentina y rutilante gasa.

Y la virgen, fresquísima y hermosa, la cabeza gentil siempre apoyada sobre el musgoso caracol, evoca, sonriente y pensativa, en mudo éxtasis que a un tiempo la conmueve y la arroba, inexplorados horizontes, llenos de armonías fantásticas e insólitas que ora mansas y suaves languidecen y ora fuertes y claras se entrechocan.

La canción que las olas le modulan es también la canción omnisonora de un amor inmortal, de un amor cárnico, con melifluos arrullos de paloma y con vagidos de pasión frenética.

La pasión formidable, arrobadora, de ese macho terrible: el océano, que gime por la tierra que, amorosa, le invita con las curvas de sus playas preñadas de lujuria, y a quien colma de hondas caricias en eterno abrazo que hacen de dicha palpitar sus olas.

TU RETRATO

Extraño a tu presencia, me embeleso
en mirar tu retrato, y conmovido
a veces ¡ay! la realidad olvido
y la infiel copia de tu rostro beso.

Previsa, mi bien, si te amaré por eso
y si amada eres[122] como no lo has sido,
cuando a tu sola sombra, estremecido,
de la pasión me ha dominado el peso.

Si a tu lado no estoy, es tu silueta,
pálida y elegante, la que inspira
mis amorosos cantos de poeta.

Y si el dolor me[123] amaga con su embate,
mi corazón —cuando tu imagen mira—
ebrio de goce y de entusiasmo late.

ODOR DI FÉMINA

En la sala los dos: ella a mi lado,
como sintiendo púdicos sonrojos,
sus ojos apartaba de mis ojos;
mientras yo la miraba enamorado.

Cogí luego su brazo inmaculado;
mas, al no ver en su semblante enojos,
quise besar también sus labios rojos
y me sentí a otro mundo transportado.

De pronto, como flor que con donaire
entreabre su corola y vierte al aire
embriagadora y persistente esencia,

su cuerpo, que el amor carnal consume,
derramó en mis sentidos su perfume
y envolvió en sus efluvios mi existencia.

ROJO Y AZUL

¡Qué hermosa estabas esa noche, nunca
te vi mejor ni cuando sueño a solas!
A tu opulento busto se ceñía,
como empapada en sangre, blusa roja,
que al bajar a tus brazos enseñaba
desnudos trechos de marfil y rosa:
luego la falda azul que a tu cintura
al ajustarse y al cubrir tus formas
modelaba en relieve los contornos
de tus ocultas redondeces mórbidas;
sobre tu blanco cuello el blanco rostro;
los ojos llenos de pasión; sedosa
la cabellera destrenzada y suelta:
reinando en ti las seducciones todas.

Así, sobre un diván te me mostrabas
a la espléndida luz de roser bomba,
sonriente y pensativa, ¡como nunca
te vi mejor ni cuando sueño a solas!
Y yo te contemplaba, enamorado,
y, el alma presa de ansiedades locas,
soñaba con sentirte entre mis brazos,
junto a mi corazón, tierna y gozosa;
soñaba con besar, hasta cansarme,
la flor sensual de tu adorada boca,
y unirme a tus sentidos de tal suerte
que fuera mía tu existencia toda.

La embriaguez del deseo me embargaba
y tú lo comprendiste, ¡oh tentadora!

Por eso, al acercarme a tus hechizos
con sed de ir a apurar la dicha próxima,
el demudado rostro, entre las manos,

a mi anhelo escondiste, ruborosa,
y esquivaste la lluvia de los besos
con que mi boca iba a cubrir tu boca.

¡Jamás lo olvidaré! Junto a tu cuerpo,
que me enervaba con su tibio aroma,
pugnaba por cubrirte de caricias
como un esposo en la [...]

Mas, con reproche [...]
rechazándome [...]
me vedaste [...]
¡que Dios puso en tus gracias que enamoran!

Y me alejé de ti como un sonámbulo,
con fiebre el cuerpo, el alma tormentosa,
mientras, lenta, la luna recorría
el firmamento, como blanca góndola.

Nunca gocé y sufrí como esa noche
que mi recuerdo con placer evoca;
mas, cuando ya en el lecho, adormecido,
soñaba en ti, tras insomniales horas,
me visitó tu imagen; y allí entonces
no se esquivó tu boca de mi boca,
y fue mío tu cuerpo, ¡oh visión blanca!,
la de la falda azul y blusa roja.

SED OLÍMPICOS

¿Por qué, como insufribles Jeremías
o Anacreontes sin juicio, en vuestros cantos,
cantáis, poetas, decepción y llantos,
o infundadas y locas alegrías?

¿Por qué, entonando negras elegías,
os impregnáis el alma de quebrantos,
o en banales estrofas sin encantos
enaltecéis el vicio en las orgías?

¿No es mejor que cantéis, nobles y buenos,
la obra de Dios, germen fecundo,
y tal como es? Serenos,

y, en tono ni jovial ni gemebundo,
cantadlo todo: ¡vuestro canto, al menos,
no irá ante el arte a calumniar al mundo!

LA COPA

Esa copa elegante y cincelada
que, llena de licor que infunde vida,
lleva tu blanca mano suspendida
a tus sedientos labios ¡oh mi amada!

Es un recuerdo de la edad pasada
que a soñar dulces éxtasis convida:
por escultor famoso fue esculpida
y en los pechos de Helena, modelada.

Cuando me brindas de beber, por eso,
un antojo supremo en mí rebosa,
sólo al tocar lo que tu labio ha opreso:

y es el poder, con ansia voluptuosa,
modelar mis caricias y mi beso
¡ay! en tus pechos que el amor sonrosa.

A LA BANDERA LIBERAL

¡Oh pendón que a mis ojos flameas,
siempre hermoso y altivo y triunfal!
¡Oh pendón de las libres ideas
que en reñidas gloriosas peleas
por la Patria te hiciste inmortal!

¡Oh sagrado y querido oriflama
cuya sombra acrecienta el valor!
Tu rojizo color es la llama
que los pechos viriles inflama
y los lleva a luchar con honor.

Si tú te alzas magnífico al viento
no es posible con mengua vivir;
pues sintiendo volcánico aliento,
el patriota no duda un momento
¡y se lanza a ser libre o morir!

A ti deben los hijos de Honduras
su más grande conquista, quizás:
por ti no hay despotismo y torturas,
¡porque al verte en las patrias alturas
no hay tiranos que muestren su faz!

¡Oh sublime y heroico estandarte
que nos diste mil triunfos ayer!
¿Quién podría jamás olvidarte
si tú debes por siempre elevarte
en la cumbre, en el llano y doquier?

¿Quién no sabe tu espléndida historia?
¿Quién ignora tu invicto blasón?
Tú eres símbolo inmenso de Gloria;

pues con sangre tiñó la Victoria
de tu manto la roja visión.

¡No declines jamás, noble enseña,
que al pueblo haces su fuerza sentir!
Luce al mundo tu aureola risueña,
y si un día otra lucha se empeña
¡lleva en triunfo al patriota en la lid!

Mas, si acaso entre escombros de duelo
te llegase el destino a humillar:
¡que desate su cólera el cielo
y que tale el furor nuestro suelo,
antes, sí, que tu afrenta mirar!

HABLA EL ARTISTA

¡Oh burgués de alma cándida y discreta
y de cuerpo glotón y voluptuoso,
que, envidiado tal vez, mas no envidioso,
cruza la superficie del planeta!

¡Oh excelente mortal a quien no inquieta
dolor propio ni ajeno! ¡Hombre dichoso
que, a gusto de tu esposa, eres esposo
que al hogar y a los chicos se concreta!

¡Qué bueno, qué pacífico y qué honrado!
¡Vives gordo y feliz: nunca has soñado
ni has sentido tampoco decepciones!

Todo lo tienes con ser rico... Pero,
¡bien sabe Dios! que, a ser cual eres,
prefiero mi torre de marfil con sus visiones!

LADY MACBETH

Genios del mal, del alma agitadores:
¡privadme de mi sexo! Más espesa
tornad mi sangre; de crueldad y horrores
henchidme, de los pies a la cabeza.

Ahogad remordimientos y dolores;
ni compasión ni estúpida flaqueza
lleguen a contrastarme en mis furores,
¡ni a evitar de mis golpes la rudeza!

Sed de mi corazón inspiradores;
y, pues me atrae el crimen, con presteza
la leche de mis pechos pecadores
trocad en hiel, que mi destino empieza.

Hórrida noche, baja: a mi conjuro
tu manto extiende y su brumoso velo
roba al abismo del Infierno ardiente;

para que el golpe que asestar procuro
no vea mi puñal, ni el mismo Cielo,
apartando las nieblas de su frente,

me pueda contemplar, ni en tono duro,
al ir dichosa a realizar mi anhelo,
me grite, airado, el mismo Dios: "¡Detente!"

ALGUNOS DE SUS ÚLTIMOS VERSOS

(1902-1903)

ARDE ROMA

(Después de la lectura de Quo Vadis de Sienkiewicz)

I

"No he visto arder una ciudad" —exclama
el radioso Imperator—: "si tal viera,
el ígneo cuadro al describir, pudiera
de Homero mismo superar la fama."

Luego, en reserva a Tigelino llama
y, tras confiarle su capricho, espera
que, presa del incendio Roma entera,
ofrezca al mundo un desastroso drama.

Y Roma arde por fin... Entre sus fieles
cortesanos, circundo de laureles,
sublime entre las ruinas y el espanto,

¡ved en lo alto al artista monstruoso,
arpa en mano, magnífico y hermoso,
con voz divina modular su canto!

II

Escuchad sus estrofas lapidarias,
llenas de inspiración y patrio fuego;
escuchad el doliente y puro ruego
que a los dioses dirige en sus plegarias.

Ved las nobles siluetas legendarias
que absorto y conmovido evoca luego;
y ved la sombra del glorioso ciego
tributar al Cantor lisonjas varias.

Su gesto, al contemplar, Apolo admira;
la misma Venus que le observa ahora,

su canto al escuchar, de amor suspira.

Y cuando el regio artista, de repente,
termina el canto, ¡el auditorio llora
porque él llorando está, trágicamente!

III

Resuenan los aplausos todavía
entre los circunstantes consternados;
mas domina también por todos lados
de la plebe la inmensa gritería.

Con el creciente incendio su osadía
aumenta, y, contra el César, fulminados
escúchanse dicterios indignados,
e incendiario le llaman a porfía.

El divino Imperator, resentido:
"Ved, quisiste —exclama en tono serio—
el galardón que da ese pueblo inmundo

al honor de que me hallo revestido,
al ejercer, cual nadie, el doble imperio
del arte y del poder en todo el mundo".

IV

Nerón detesta ya ese pueblo inculto
que no ama de sus versos la presea;
pero tiembla al sentir que, cual marea,
se agita en torno en bramador tumulto.

Como antes que el peligro ve el insulto,
manda que el pueblo aniquilado sea;
mas "Cese al punto esa imposible idea",
dice entonces Petronio, audaz y culto.

"Yo calmaré esa plebe"; y, arrogante,
llega y les habla: "Reprimid la injuria:
pan y fiestas tendréis en adelante;

reconstruiráse Roma, y de mil modos
el Augusto os hará gozar a todos."
Y así del pueblo se aplacó la furia.

V

Ya retorna Petronio, el indolente
árbitro del buen gusto; y su regreso
del olímpico César un gran peso
quita de angustia y de terror vehemente.

Que deja al pueblo en paz, harto elocuente
lo dice su mirar; y, aunque está ileso,
pide esencias y, dando hondo bostezo,
quéjase de que el pueblo es maloliente.

Mas el enorme artista, recobrado
del todo, exclama: "Con franqueza dime,
Petronio, de mi canto qué has pensado."

Y él: "¡Por Júpiter! —dice, haciendo un signo—
juro que ese espectáculo sublime
de ti tan solo me parece digno."

EL CÓNDOR CIEGO

I

Ved al gigante alado, al cóndor fiero,
al Señor victorioso del espacio,
excelso orgullo de los altos Andes,
en cuyas cimas, al erguirse inmóvil
y mostrarse las alas entreabiertas,
ha parecido al que lo mira absorto
desde abajo, la digna y real corona
con que tal vez Naturaleza quiso
dar remate a las cúpulas sagradas
de esa serie de rústicas basílicas
que se alzan en mitad del nuevo mundo.

Ved al soberbio y majestuoso cóndor,
el gran pájaro negro de la América,
que, superior al águila del Alpe,
tan alto sube que su gran tamaño
se desvanece a la sutil mirada
y al fin se pierde en la región etérea;
y contempla, tan cerca como nadie,
con sus ojos abiertos, siempre fijos,
la corona de fuego que destella
la rubicunda claridad del día.

Mirad esa ave heroica que parece,
audaz conquistador nunca vencido,
volver de largo y provechoso viaje,
ensordeciendo el aire como un fuelle
al recio son de sus potentes remos,
tinto en sangre el agudo y corvo pico,
dando salvajes gritos que repite
el eco en las profundas cavidades,
y trayendo, clavado entre sus garras
como garfios de bronce, el gran trofeo

de ensangrentada y palpitante presa.

Vedlo llegar a la caverna bronca,
como cortada a pico en los escarpes
de inaccesibles rocas, donde tiene
inexpugnable y resguardado asilo,
y donde, en la estación de los amores,
él incuba con su hembra los polluelos,
y con la cual, de la incitante presa
al compartir con avidez los trozos,
dos señores feudales se dirían
a un festín entregados bajo el techo
de su almenado y secular castillo.

Ved al cóndor altivo, ya dispuesto
a nueva correría siempre fácil,
de un solo impulso descender al llano,
donde, por presa su ambición convida
mansa res que, pastando sobre el césped,
no presiente su fin; mientras el ave,
que al destructor asalto se prepara,
con ojo experto desde lo alto espía
el débil cuello donde herir prefiere;
y allí, clavando como alfanje el pico,
en sangre inunda al degollar la presa.

Contemplad a ese pájaro famoso
que victorias más grandes realizara,
ora atacando paquidermos rudos,
ora venciendo temerosas fieras,
y entre sus garras, sin piedad, alzando
a constrictores, gigantescas boas;
triunfos que por doquier ha repetido
a favor de la fuerza y de la audacia
que en grado superior le donó el cielo;
y con los cuales ha turbado siempre
la silenciosa soledad del trópico.

Contemplad a ese rey de orlado cuello,

de calva frente, de pujantes alas
y de largas y obscuras timoneras,
que, al alzarse al espacio y al quedarse
en actitud inmóvil, tal parece
que dormido y soñando se quedara;
o bien se eleva de improviso tanto
que el alma soñadora del poeta
una barca veloz le juzgaría,
que, tripulada por un genio mágico,
bien pudiese abordar a alguna estrella.

II

Mas, ¡oh fatalidad siempre traidora!
Ved cómo el ave de las sacras cumbres,
el ave invicta, de victoria símbolo,
¡sufre la afrenta del poder del hombre!
¡Ved cómo, al cabo, prisionera cae
en la pérfida red que le ha tendido!
¡Ved cómo, en hora desastrada y triste,
cautiva por los tarsos se debate
entre flexibles y potentes lazos;
y, sin que logre desasirse nunca,
esclava queda y a merced del hombre!

Y ved algo más negro todavía:
ved consumado, por placer tan solo,
el más terrible y pavoroso ultraje.
Mirad cómo, en vil cárcel prisionera,
esa ave tropical, hosca y bravía,
que el honor de sus selvas ha guardado,
sufre indefensa y sin poder moverse
el horrible suplicio, la atroz pena
de sentir que los ojos le taladran
y que al dejarle ciega le sumergen
en más lóbrega noche que la tumba.

¡Contemplad al gran pájaro que impresa
llevó en los ojos la visión del Ande,
por un capricho criminal del hombre,

de lince que era, convertido en topo,
de rey triunfante en infeliz esclavo!
¡Mirad trocado en lastimosa ruina
al gran pájaro negro que miraran
muchas veces las recias tempestades,
volando entre los roncos aquilones,
al cárdeno fulgor de los relámpagos
y al espantoso retumbar del trueno!

Mísero Edipo de las grandes aves,
vedlo agitarse en su dolor creciente
a impulsos de la rabia y de la cólera.
Vedlo crispar nervioso la cabeza
cual si creyese sacudir acaso
el negro velo que mirar le impide
la blanca luz que al Universo alumbra.
En la siniestra cárcel de las sombras
vedlo cautivo, pero no humillado;
porque en su noble, aunque salvaje instinto,
él no se abate ni resigna nunca.

Pero mirad también cómo, por último,
sus verdugos irónicos le tornan
una menguada libertad; y, suelto,
suelto ya de los lazos que le ataran
y en que sin culpa se sintió vencido,
ved al cóndor egregio que, de pronto,
su indomable entereza reasumiendo,
contra la ingrata suerte se subleva,
y en sus hondas tinieblas, desplegando
los remos y la cauda, se dispone
para emprender el fabuloso vuelo.

¡Qué vuelo más gigante y más sublime!
El cóndor ciego, al agitar las alas
y describir un anchuroso círculo
que, al girar y al subir, va reduciendo,
se eleva hermoso en espiral magnífica,
en espiral grandiosa que parece

que nunca acaba; y deja atrás las nubes
y ya, cual leve punto, se divisa,
y al fin se pierde a la mejor mirada;
y en su vuelo quizás sigue ascendiendo
a una insólita altura incalculable.

Esa ave invicta que en su vuelo nunca
ha llegado a cansarse, vuela, vuela
y no cesa un instante de elevarse,
como si alguna voz de lo infinito
le invitase a subir al éter puro
en donde acaso vuelan los querubes.
¡Y se cansan los ojos de buscarle
en la vacua región donde perdiose,
y ya parece que del viaje excelso
no ha de volver al miserable mundo
donde rebulle como insecto el hombre!

Mas... ved un punto negro en el espacio,
un punto que se agranda y que revela
algo que viene descendiendo aprisa:
es el cóndor que baja en línea recta
cual proyectil del cielo fulminado,
muerto ya de fatiga, muerto, muerto,
y que cae a los pies de sus verdugos,
que en su asombro no advierten todavía
cómo el pájaro ciego, en su desgracia,
halló salida remontando el vuelo
más grande y prodigioso: ¡el de la muerte!

DOLOR SIN NOMBRE

Lo encontré resignado, pero triste,
con amarga expresión y duro ceño;
mas, le inspiré confianza y, cariñoso,
instéle al fin a desahogar su pecho.

Me miró sorprendido, cual si fuese
de tal modo en hablarle yo el primero;
y animándose al fin con fuerza extraña,
me dijo, sin parar, con sordo acento:

"Hay algo sobre el mundo de los hombres
atroz, terrible, pavoroso y tétrico;
algo que no conoces ni sospechas,
ni imaginarte puedes por siniestro.

Algo que es como muerto estar en vida;
algo que es como estar en el infierno;
algo como sentirse apuñaleado,
agonizante y sin llegar al término.

Algo que es la más honda desventura
que mata el alma y que corroe el cuerpo;
que humilla el corazón más valeroso
y hace pedazos el mejor cerebro.

Algo indecible, espeluznante y trágico;
algo que de pensarlo me estremezco;
y que nombre no tiene, pues no hay nombre
en el lenguaje humano para ello.

Algo que no sufrió ni Jesucristo
cuando diz que lloró sangre en el huerto;
que no sufriera Job, ni sufrió Lázaro,
ni los más tristes mártires sufrieron.

Que asombraría a Tántalo y a Sísifo;
que doblegara al mismo Prometeo;
y que ni en pena de inauditos crímenes
deben acaso padecer los réprobos.

Algo que es oprobioso y que es injusto,
como estigma que mancha el mayor mérito;
como la risa del demonio mismo
en su desgracia, exasperando al bueno.

Castigo superior a cuanto puede
imaginar de la maldad el genio;
tortura física y moral que alivio
ni redención encontrará en el suelo.

Resumen tenebroso y lancinante
de largos siglos de sufrir siniestro;
montaña de dolores y de angustias;
mar de amargura y de ponzoña lleno.

Algo que bosquejar me es imposible;
conjunto extraño, abrumador e inmenso
de algo que hiela cual la misma nieve;
de algo que abrasa como el mismo fuego.

Algo que por enorme es sobrehumano;
infortunio fatídico y tremendo
que sobre el mundo de los hombres nadie
ha debido sufrir ni merecerlo.

Inexorable cruz, monstruosa y única,
que sólo yo —¡infeliz!— ha mucho tiempo
en las sombras de mi alma la he llevado
¡y todavía a mi pesar la llevo!

¡Yo, que nací como el diamante fúlgido
para brillar con esplendor sidéreo,
y que en las charcas de la tierra he sido

del dios Fatalidad un predilecto!

¡Yo, que al marchar por mi calvario horrible,
bajo los golpes del dolor no tengo
del que se goza en la ilusión del Cielo!

Yo, que cual Cristo de las sombras cruzo,
hipertrofiado el corazón sintiendo,
sin hallar a mi paso más que abrojos,
¡sin hallar ante mí más que desprecio!"

Me traspasaba de tal modo el alma
aquel dolor en realidad tan negro,
que de sus labios, con ardor, fluía
como las aguas de un raudal siniestro;

que, pálido y convulso, al desgraciado
interrumpí de pronto con un gesto;
pues parecióme al fin que ya era justo
a tan ruda explosión poner un término.

"Sufres mucho en verdad; sufres muchísimo"
—le dije con el más sentido acento—;
"Eres bien desgraciado: bien se mira;
mas yo, como ninguno, te comprendo.

Conozco tu dolor; lo he traslucido
sin que tú me lo digas, hace tiempo;
y me interesa ese infortunio grande
porque en él reflejado el mío veo.

Mas, tu desolación es menos triste
porque al fin has hallado un franco pecho,
y en él, al desahogarte, es imposible
que no suavices tu dolor al menos.

¡Ah! ¡Si decir pudiese yo otro tanto!
¡Si alguien viniese a mí cual compañero,
como a ti yo he llegado! ¡Ah, si pudiese

al decir lo que sufro hallar consuelo!

¡Ah, si mis penas no aumentaran nunca!
¡Si sufriera no más lo que hoy padezco,
o si fueran los tuyos mis dolores,
¡yo sería feliz con sólo eso...!"

Sin poder contenerse el desdichado:
"¿Pero... ¡es posible! —preguntóme— ¿Es cierto
que hay algo más terrible todavía,
que hay algo superior a mis tormentos?

¿Quién eres, pues, entonces?" Yo repuse:
"¡Ignoro lo que soy! Jamás me entiendo;
quizás sea un arcano indescifrable
que vaga sobre el mundo como espectro.

Sólo sé que tus penas no me asombran;
pues, cual si fuese de infortunio el centro,
convergen hacia mí cual vivos rayos
del hombre los dolores más acerbos.

Bien puedes evocar todas las faces
de los más espantosos sufrimientos,
y no verás ninguna que no copie
alguno de mis pálidos aspectos.

Imagina que soy la estalactita
que los dolores hondos y siniestros,
y ya sin esperanzas, sobre el mundo
burilaron tal vez con llanto eterno.

Figúrate que soy el cáliz mismo
de ponzoñosas amarguras lleno,
en donde han destilado, gota a gota,
los dolores de todo el Universo.

Piensa por fin que tu pesar es mío;
que cuanto hay que sufrir yo lo padezco,

y que en mi corazón suspira y gime
el ¡ay! desgarrador del mundo entero.

Y sabrás lo que soy y lo que sufro;
pues muchas veces, cuando en mí yo pienso,
¡de un infinito doloroso y trágico
me parece que soy triste compendio!"

Estupefacto me miraba entonces,
tal vez sin comprenderme, aquel enfermo;
yo me callé, desconsolado al punto;
pero él, casi jovial, me dijo luego:

"¡Tienes razón, amigo! Hay en ti algo
que no es humano y que por fin comprendo:
tu corazón doliente es una lira
donde todas las penas tienen eco.

El dolor infinito sólo existe
donde hay un infinito sentimiento;
por eso mi dolor dista del tuyo
cual de la opaca tierra dista el cielo.

¡Tú eres el alma universal, poeta!
Y yo el hombre no más: somos diversos;
yo sufro solo, y tú, por ley del Hado,
cargas con el dolor del mundo entero.

Y si has llegado hasta mi humilde asilo
a hablarme en un lenguaje que apetezco,
es porque sufres más que yo mis penas...
¡porque sufres por todo el Universo!"

HIMNO A LA MATERIA

¡Oh, materia sublime, eterna y varia,
que con el gran prodigio de tu esencia
y el arcano infinito de tus formas
como madre perenne, siempre joven
a quien su propia fuerza fecundara,
llenas la inmensidad del Universo
y eres causa y efecto misterioso
de cuantos seres bullen y rebullen
con aspecto de vida en los espacios,
desde los vastos mundos y los soles
que por la noche brillan como antorchas
suspensas en el éter cristalino,
hasta los invisibles infusorios
que habitan en miríadas y millones
en el fondo irisado de una gota
de rocío...!

¡Oh, prolífica y sagrada
materia que en el vasto mecanismo
de la augusta creación tienes tu imperio
de onmímodo poder, y a todas horas
ordenas y ejecutas por ti misma
las leyes admirables que presiden
la vida universal, diversa siempre
del coro de criaturas que en ti nacen
y a ti vuelven al fin: obras perfectas
en cuanto cabe serlo en lo infinito,
que ora inmensas cual moles desmedidas,
ora medianas, ora imperceptibles,
de ti el cuerpo reciben y el aliento
que sujeta sus órganos y hace
que cumplan por lo menos el destino
de nacer y morir!

¡Salve mil veces
oh, materia infinita y soberana!
De la que surge sin cesar creadora,
ordenándolo todo con maestría,
la fuerza, ese milagro portentoso,
especial de alma-mater de tu seno
que incontrastable, inteligente y pura,
cual si Dios mismo su poder rigiese
produce los fenómenos más grandes,
combina los agentes más fecundos,
da vida a los primarios elementos
y organiza la vida de los seres
que brotan de los mundos, de igual modo
que hace que giren éstos en sus órbitas,
por la atracción tan solo suspendidos
alrededor del sol!

En ti reside,
de ti dimana y hacia ti refluye
la vida universal que no se agota
y es como inmenso genesiaco río
que al recorrer su seno lo fecunda,
porque lleva en sus ondas la simiente
de que brotan en mágicos regueros
las vidas de que surgen nuevas vidas,
que al llenar su misión dejan el germen
de nuevos seres que al vivir difunden:
porque en el laboratorio de lo creado
en tanto que unos mueren otros nacen
y la vida se extiende y se derrama
buscando nuevos moldes y por último
se transforma y renace de la muerte
cual fabuloso Fénix.

¡Oh, materia!
Tú eres lo único eterno; tú no acabas:
tú no aumentas, tú no disminuyes:
eres principio y fin de cuanto existe;
de ti depende todo y a ti torna.

Eres la misma aunque diversa siempre,
pues tu esencia suprema, indestructible,
es tan compleja y a la vez tan una
que recorre una escala interminable,
de formas, de organismos y de vidas,
y en labor incesante por doquiera
renueva sus creaciones y persiste
esparciendo destellos de sí misma
que encarnan nuevas vidas cual si fueses
¡oh, materia! alma y vida del gran todo
llamado Creación.

Tú solamente
no has tenido alborada ni podrías
tener jamás ocaso. Cuanto alienta
lo mismo en lo pequeño que en lo grande
está sujeto al tiempo: vive y muere:
es decir, se transforma y en ti queda:
pues la vida del ser solo es fenómeno
de resplandor fugaz. Los mismos
soles y los mundos de fábrica tan sólida
tienen su fin; tras incontables años
llega el día en que extinto su calórico
giran en los espacios insondables
cadáveres helados e insepultos,
en tanto que quizás en otros cielos
nuevos mundos se forman donde pronto
brotarán nuevos seres.

¡Oh, prodigio!
Mas si la vida individual es breve
y pasa como sueños y luego se hunde
en la noche espantosa del olvido,
no es así la vida universal. En vano
la muerte apaga con su helado aliento
las llamas de la vida una tras otra.
Una vida en verdad es casi nada;
pero el conjunto inmenso de las vidas
que forman el vastísismo Universo

eso es algo magnífico y grandioso
que no puede abarcar el pensamiento,
que no puede extinguir soplo ninguno,
que a todo cataclismo sobrenada
y en inmortal cadena se prolonga
llenando lo infinito.

Lo que el hombre
llama muerte y la teme a cada instante,
es solo una apariencia, un accidente
que prepara ¡oh, materia! tus desechos
a nuevos organismos, sin que pueda
amenguar el poder de tus creaciones
porque previsto se halla y mucho sirve
en el plan colosal de sus sistemas.
La muerte para ti solo es acaso
como un abono que te das a ti misma
tal vez por mantener ágil e incólume
de tu vigor el germen patentísimo;
o quizás como un baño en cuyas aguas
rejuveneces tus gigantes miembros
por cuyas venas corre siempre nueva
savia de eternidad.

La muerte nunca
destruye, ni podrá de modo alguno
la más mínima parte de tu masa;
ella es quizá el agente más activo
que en el taller más inmenso de los seres
esparce los raudales de la vida
que de ti mana en incansables ondas.

Ella no mata; en realidad divide,
y separa elementos que bien pronto,
al combinarse en prodigiosas mezclas,
dan vida inesperada y repentina
a extraños organismos que se forman
como por ley fatal, pero que es siempre
la providencia eterna de las cosas

que también es corono deslumbrante
de sus grandes virtudes.

¡Oh, materia!
Sin duda cuando creas y transformas,
cuando enciendes la antorcha de una vida
o cuando apagas esa antorcha, no haces
ni bien ni mal: o al menos no meditas
tan extraños efectos que anonadan
la obscurísima mente de los hombres;
reside en ti la perfección suprema
de la inconsciencia que por ley divina
bajo el influjo de potentes causas,
lo mismo crea un mundo prodigioso
que da vida a un insecto. Eres hermosa,
eres sublime cuando das la vida
lo mismo que al quitarla en apariencia
sin que te importe a quién.

¿Sabes acaso
que el hombre, ese pigmeo miserable,
te desprecia creyéndose en la tierra
el rey de lo creado, un ser distinto
y superior a ti, que tiene un alma
en donde se concentra lo infinito
y eterno de las cosas, viva chispa
que no puede morir; porque su origen
arranca del aliento luminoso
del divino arquitecto de los mundos
del que sacó del fondo de la nada
el principio de todo, el caos mismo,
que al condensarse y adquirir contornos
te dio el cuerpo y la vida que trasmites
a cada ser que en la extensión vacía
se despierta a vivir?

¿Has hecho caso
jamás de sus abstrusas ambiciones,
engendros del delirio de su mente,

que a comprender no alcanza cosa alguna
de cuanto encierra el panorama espléndido
de la naturaleza que es tan solo
como un movible espejo de sus formas
diseminadas infinitamente
por los incalculables horizontes
apenas escuchados, porque nunca
la ciencia humana explorará el misterio
de tu extensión ni encontrará la clave
que la ayude a explicarse los enigmas
que ve por todas partes, ni siquiera
conocerá la esencia milagrosa
del átomo más leve?

El hombre iluso,
nacido del calor de tus entrañas
e hijo tuyo a toda hora, no comprende,
no quiere comprender, que su existencia
es como todo lo que alienta y vive
en la esfera del orbe, solamente
el resultado de fatales fuerzas
que por virtudes propias al fundirse
producen el fenómeno que informa
la gran vitalidad de un organismo;
no comprende que salvo la excelencia
de ciertas facultades que requieren
medios propios en él para externarse,
su vida se equipara por completo
a la de tantos seres multiformes
que como él también viven.

No comprende,
en su orgullo satánico engreído,
que su vida es levísima burbuja
que el roce más ligero despedaza;
no comprende que él es menos que un grano
de arena que se pierde y se confunde
en las inmensidades de un desierto:
átomo del océano infinito

que se piensa ¡oh blasfemia inexorable!,
imagen del Dios mismo. ¿Acaso ignora
que hay en el éter incontables mundos
superiores mil veces a la Tierra,
mundos que han de poblar sin duda seres
más perfectos que el hombre, ya en figura,
ya en fuerza y en facultad o porque tengan
más nobles atributos?

Pobre hombre,
infeliz individuo condenado
a ser el habitante de un planeta
de los más inferiores que gravitan
en el éter azul de lo insondable,
alrededor de un sol, como si fuesen
enormes colibríes revolando
en torno a inmensa flor. El hombre vive
sobre un planeta opaco y pequeñísimo
donde la vida es corta y sin objeto:
gusano miserable que se sueña
muchas veces gigante, y por desdicha
despierta de su sueño de locura
para caer en seguida en otro sueño,
y así pasa entre sombras y quimeras
hasta que muere al fin.

¿Acaso tiene
misión alguna individual el hombre?
¿No es verdad que a pesar de cuanto digan
sobre la triste tierra el hombre pasa
en perpetua niñez y luego se hunde
en la tremenda noche inescrutable,
sin dejar ni la huella de su paso,
porque implacable con su mano el tiempo
todo lo borra al fin? ¿Cuál es entonces
el destino del hombre? ¿Por qué vive?
¿A qué viene a este valle de miserias
si no es a perpetuar sin proponérselo
su propia imagen que al vivir prosigue

en la misma ignorancia, fatalmente
trasmitiendo la vida sin pensarlo
a nuevos infelices?

¡Ah!, la vida,
la vida individual es para el hombre
una cosa tristísima: hasta es justo
dejar que el pensamiento se solace
soñando nueva vida tras la tumba.
¡Es tan triste vivir breves momentos
para morir después, que a ser posible
fuera mejor exterminar la especie
e impedir que el dolor la perpetúe
vedándole al amor reproducirse!
¡Ay, infeliz del que por suerte cae
en el círculo odioso de la vida,
porque juguete de inclementes hados,
irá sin rumbo padeciendo siempre
hasta hallar su sepulcro...!

Mas, con todo
a pesar de que el mundo de los hombres
no nos brinda la dicha ni podemos
hallar un alto fin que satisfaga
nuestra osada ambición, es indudable
que el mundo, el Universo, cuanto existe
si no nos dan felicidad alguna,
tal vez porque jamás nos conformamos,
son un bello espectáculo, una cosa
tan grande, tan magnífica y sublime
que muchas veces sin quererlo el labio
lleno de admiración se abre entusiasta
para entonar un himno laudatorio
al estupendo autor de tanto hechizo,
de tanta maravilla incomprensible
y de tanto esplendor.

Cuando extasiado

contemplo la hermosura de un paisaje,
en la hora misteriosa del crepúsculo,
o admiro por la noche el firmamento
constelado de ardiente argentería;
cuando absorto y suspenso me divago
recordando en mi espíritu el efecto
de los mágicos cuadros que a mi vista
llenaron de estupor, ya en pleno bosque,
ya en las cúspides altas, o bogando
sobre el dorso del mar; yo me deleito
con transportes de gozo indefinible;
yo me alegro en verdad de la existencia
para ver y sentir, y dentro del alma
encontrar la certeza de algo grande
que eleva el corazón.

Cuando así pienso,
cuando el escepticismo se adormece,
a través de la fe yo miro el mundo
como amable mansión y hallo la vida
en conjunto de todos los hermanos
como un vasto taller de donde surgen
para la sociedad inmensos bienes,
el progreso constante, el noble imperio,
de la fraternidad, la dicha misma
brindando su porción a cada uno;
todos unidos en grandioso anhelo
cumpliendo algún destino se figuran
ver a Dios que les ve tras de las nubes
y les sonríe como padre amante
con entrañable amor.

Pero todo eso
es sólo un espejismo de la mente;
todos los seres que lo creado encierra
sólo somos visiones muy fugaces.
Todo fenece al fin, la vida es sueño
que se pierde entre dos noches abscuras.
La muerte misma es ilusión. Tú sola,

oh, materia grandiosa e ilimitada,
persistes sobre todo eternamente.
¿Eres hija de Dios? ¿Eres Dios mismo?
Yo no sé que eres tú, ni a ti te importa
que yo crea o que dude. Inexorable
y muda a mis preguntas permaneces
como si fueses sorda e insensible,
¿Qué le importa al coloso formidable
lo que piense una oruga?

Tú sin duda
no debes ni pensar. No te hace falta
porque tus pensamientos son acciones.
Eres tan grande, en realidad tan grande,
que delante de ti todo es pequeño.
Y pensar que muy pronto, yo si acaso
soy átomo que piensa porque vive
dejaré de alentar para perderme
y fundirme en tu seno hecho partículas
que la combinarse han de dar vida luego
ora a viles insectos y gusanos,
ora a yerbas y arbustos al mezclarse.
¡Pensar que este fenómeno radiante
de mi vida infeliz ha de extinguirse
cual si no hubiese sido!

¡Qué tristeza!
El hombre es en la tierra cual sonámbulo
que dirige fantástico destino
o torpe acaso sin razón ninguna;
mas, no les escarnezcamos, que no es justo:
su desgracia fatal no es culpa de nadie;
pues nada en realidad es malo o bueno.
Por eso resignado y conmovido,
yo te canto, ¡oh, materia despiadada!
Eres monstruo a la vez que santa madre;
mezcla de sombra y luz; conjunto inmenso
donde todo comienza y todo acaba
como en terrible mar. ¡Salve mil veces

cuna y sepulcro de los mismos astros!
¡Digna obrera de Dios!: ¡mil veces salve!

EPÍLOGO: LOS RECUERDOS DE FROYLÁN TURCIOS

I

Por aquellos días llevé al poeta José Antonio Domínguez mis cuadernos de prosas y versos.

—Le ruego —le dije al entregárselos— que me diga con toda franqueza si tienen algún mérito. Los escribí de los diez a los trece años. Si usted juzga que carecen de valor los romperé, renunciando a continuar en un esfuerzo inútil.

—Déjemelos y vuelva por ellos dentro de dos semanas.

Transcurridas éstas, el licenciado Domínguez —a quien consideraba como verdadera autoridad literaria— me explicó:

—He rayado en sus manuscritos lo que me parece que debe usted destruir. Como verá, se trata de una gran parte de sus trabajos. Indudablemente posee usted un talento de primer orden, una extraordinaria aptitud para la prosa y la poesía, pero es preciso que estudie, que se dedique a la gramática, a la retórica y a las selectas lecturas. Usted describe con espontánea fuerza, canta como los pájaros en las montañas; pero ignora las reglas más elementales que rigen el estilo. No sabe una palabra de los metros castellanos, ni lo que es un asonante, ni la armónica medida de los versos. Pero le sobra temperamento apolíneo, facultad creadora, potencia estética, pasión por el arte. De sus poesías la mejor es la titulada Nila (Una agraciada muchachita de quince años, pariente mía, Petronila Turcios, por un disgusto con su novio en una fiesta, se suicidó en el pueblo de El Real. Hice a caballo un viaje de once leguas, en menos de cinco horas, para verla en su lecho fúnebre. Y su primaveral belleza coronada de jazmines me conmovió tanto que expresé mi dolor en esa poesía ingenua saturada de lágrimas), por su honda emoción y por su melancólica música. Usó en ella, sin saberlo, el decasílabo, tan melodioso cuando se sabe manejarlo; tomando de modelo, seguramente, las estrofas de uno de nuestros bardos en honor de una dama. Pues bien, estas suyas, con sus deficiencias de técnica, son superiores a las que, inconscientemente quizá, le sirvieron de norma.

II

Alejo S. Lara y José Antonio Domínguez vivían juntos en una pequeña casa frente al parque La Merced, y una tarde, por un motivo baladí —en que la razón estuvo de parte de Alejo— riñeron hasta la violencia. Domínguez fue lanzado a la calle, y yo, que presencié la reyerta, ofrecí al poeta, que había sido mi consejero y luego mi profesor, una de las dos habitaciones que alquilaba en la residencia de la señorita Luisa Vásquez. De este modo estuvimos, durante muchos años, unidos por estrecha amistad, y un libro interesante podría yo escribir sobre aquel infortunado compañero para quien la vida fue tan dura y amarga.

¡Cuántos ensueños irrealizables nos asediaron —a Domínguez y a mí— en el continuo divagar de los días monótonos! Leíamos a nuestros autores predilectos, idealizábamos las más crudas realidades, cambiando, a cada momento, ideas e impresiones acerca de cuanto ocurría a nuestro derredor. En las tardes paseábamos fuera de la ciudad, subiendo a las alturas cercanas, a veces caminando en silencio y en otras charladores y alegres. Colaborábamos asiduamente en La Juventud Hondureña, publicación de la sociedad del mismo nombre, de la que fui después redactor o director.

Domínguez padecía de un pesimismo tétrico, que angustiaba su visión de la vida, envolviéndose en desoladas tinieblas. A las pocas semanas de observarle y conocerle predije —en carta para mi hermana— que terminaría suicidándose. En lo que me equivoqué fue en la forma: yo pensé en un veneno y no en un tiro de revólver.

(Domínguez se mató en Juticalpa el 5 de abril de 1903).

Hombre de una timidez morbosa, turbábale toda novedad en las apariencias humanas y todo aspecto insólito en los acontecimientos. Joven de gallarda figura, una muchacha que de él se enamorara habríale puesto en precipitada fuga. Su pasividad nirvánica, su absoluta carencia de iniciativa, su perenne irresolución ante los asuntos cotidianos, su pavor ante los graves problemas que encierran nuestro destino, tenían que arrastrarle a un término trágico. Cualquier frívolo detalle social, exento del menor interés, asustábale como si constituyera un caso de profunda trascendencia. Me imagino el esfuerzo de su escasísima voluntad para dominar su encogimiento en alguna recepción a que asistiera cuando fue a Guatemala como secretario de la Legación encabezada por el doctor Juan Ángel Arias. Misión diplomática en que irónicamente juntó el acaso a los dos varones más antitéticos que ha producido mi patria: al hombre más ambicioso y sensual paladín de los siete pecados capitales, atrayente y simpático, pródigo y burlón, epicúreo sin escrúpulos; y al poeta tímido y romántico, abstraído en su mundo recóndito, casto como un anacoreta, tendiendo a la inacción y al silencio. Caracteres tan opuestos debieron, sin embargo, entenderse, porque en la campaña eleccionaria de 1902 Domínguez figuró entre los aristas.

www.ingramcontent.com/pod-product-compliance
Lightning Source LLC
Chambersburg PA
CBHW020237010826
48973CB00006B/1547